BURKHARD WINSMANN-STEINS

MIT DEN AUGEN DES JÄGERS

DIE SCHÖNSTEN BILDER DES GROSSEN JAGDFOTOGRAFEN

Mit einem Geleitwort von
HORST REETZ

Klassische Erzählungen von
HERMANN LÖNS,
FRIEDRICH VON GAGERN,
LUDWIG BENEDIKT VON CRAMER-KLETT

Zitatauswahl von
MANFRED MÜLLER,
Lamspringe

KOSMOS

Geleitwort

Es ist mir eine persönliche Freude, Ihnen, verehrte Leserinnen und Leser, dieses ungewöhnliche Buch zu empfehlen. Warum?

Es ist ein erlesenes Werk für Liebhaber jägerischer, fotografischer und schriftstellerischer Erfüllung – eine Dreieinigkeit der Passionen, deren Grundlage die Neigung zu Natur und Jagd ist. Wir spüren die Vielgestaltigkeit dieser Empfindungen, wenn wir das Buch zur Hand nehmen. Fotograf und zitierte Autoren suchen in der Welt der Betriebsamkeit die Inseln der Einsamkeit. Ihre Gefühlswelt lechzt nach dem Erleben der Natur, auch nach Beute, jeder auf seine Art – als Jäger mit der Büchse, als Jäger mit der Kamera und als geistiger Jäger nach schriftstellerischer Ausdrucksstärke. Sie alle eint: Die Faszination der Wildbahn ist ihr Leben, und sie messen ihre Sinne mit denen der Wildtiere.

Wildtier-Fotograf Burkhard Winsmann-Steins ging schon als Junge mit der „Agfa-Clack" auf Pürsch – heute ist er einer der weltbesten Wildtierfotografen und wie wenige seiner Maxime treu geblieben: nur echte Naturdokumente! Wir sehen Fotos wie zeitlose Gemälde der Natur, dann wieder einmalige Schnappschüsse von Wild und Jagd. Stimmung und Action … Seit den sechziger Jahren veröffentlicht er seine Fotos original in „Wild und Hund", dem größten unabhängigen Jagd- und Naturmagazin Europas. Manfred Müller, Lamspringe, hat für diesen Bildband sehr einfühlsam die Zitate der berühmten Jagdklassiker Hermann Löns, Friedrich von Gagern und Ludwig Benedikt von Cramer-Klett ausgewählt.

Das Engagement des KOSMOS-Verlages, diesen Band herauszugeben, ist besonders dankenswert. Er setzt damit die mehr als hundertfünfzigjährige Tradition des Buchverlages Paul Parey fort, in dem die genannten Jagdklassiker einst zumeist ihre Bücher publizierten. Im heutigen Zeitschriftenverlag Paul Parey erscheint seit 1894 das Medium dieser Jagdschriftsteller, „Wild und Hund", übrigens eine der ältesten aller bis heute existierenden deutschen Zeitschriften, ob im Bereich Kultur, Politik oder Natur – weiterhin maßgeblich illustriert von Meisterfotograf Burkhard Winsmann-Steins.

HORST REETZ
Wild und Hund

Inhalt

DIE LYRA IN DER HAND
DES ENGELS

LUDWIG BENEDIKT
FREIHERR VON CRAMER-KLETT

Es war im zweiten oder dritten Jahr, nachdem mein Vater den Ostteil seines großen Waldbesitzes, eine ganze Talseite also, an den Staat verkauft, sich aber meinetwegen die Jagdausübung darauf noch für ein paar Jahre vorbehalten hatte. Da bei dem Verkauf unsere Jäger vom Staatsforst nicht übernommen wurden und von uns nur diejenigen behalten worden waren, die auf eine Dienstzeit von mindestens einem Jahrzehnt zurückschauen konnten, war es vor allem im südlichen Teil des nun Staatseigentum gewordenen Reviers anfangs eine Zeitlang um die Jagdaufsicht nicht bestens bestellt. Und gerade dort, und zwar am südlichen Rand, wollte ich in dem Jahr meine Hahnen schießen, da ich nicht wusste, wie lange mir jene Balzplätze von Auer- und Birkwild zur Bejagung verbleiben würden.

Ich fuhr zum Forstverwalter, der bis zum Verkauf in unseren Diensten gestanden hatte und jetzt staatlicher Beamter geworden war. Für die aus dem Übergang sich ergebende Mehrarbeit hatte man ihm zwei Hilfskräfte zugewiesen. Aber er sagte mir, sicher der Wahrheit entsprechend, dass sie als Jäger unbrauchbar seien. Nun, dann würde ich, der ich das Revier durch mehr als ein Jahrzehnt bejagt hatte, mich eben allein zurechtfinden.

Der Verwalter erbot sich, mich zu begleiten:

„Oan Hoh woaß i nämli!", sagte er. „Den hab' i scho zwoamal von der Mühlhornschneid bis ins Büro aba g'hört und dann mit'm Spektiv auch derseh'n."

Der felsige Grat der Mühlhornschneid begrenzt das Sachranger Tal, es hoch überragend, in etwa südöstlicher Richtung. Der Forstverwalter ging mit mir in den Garten hinaus und zeigte mir eine sich am Grat klar gegen den Himmel abhebende, mächtige, aber kurzschäftige Fichte. Sie war vollkommen kahl, anscheinend auch rindelos, ein Baumskelett also, das da oben trotzte, aber, wie dies bei solchen in kaum vorstellbar hartem Lebenskampf auf fast ständig sturmwindübertoster Felsenschneid emporgewachsenen Bäumen der Fall ist, mit fast dornenbuschhafter Dichte von Geäst und Gezweig. Einen richtigen Wipfel hatte diese Fichte nicht. Sie war, so wenigstens sah es auf die große Entfernung aus, wie von einem kleinen verwucherten Nest gekrönt. Und darauf hatte der Hahn jetzt schon zweimal und sicher schon öfter in voller Sonnenbalz

gestanden. Die Entfernung vom Forsthaus betrug in der Luftlinie mindestens einen Kilometer.

Das Kollern des Spielhahns, dieses zärtliche Lied aus
zitternder schwarzer Kehle unter rosengekröntem Köpfchen, ist
über weite Täler hinüber und aus Fernen noch vernehmbar,
aus denen selbst der lauteste Schrei eines Menschen ungehört
verhallen würde. Zweierlei Schlüsse kann man aus dieser ans
Wunderbare grenzenden Naturerscheinung ziehen, einen
biologischen und einen, wenn man es so nennen will, philoso-
phischen. Vielleicht hat Gott der Vater und Schöpfer alles Lebendigen das Birkwild besonders geliebt, nachdem es aus seiner
Hand hervorgegangen war, und es deshalb mit so besonderer,
der Erhaltung seiner Art dienender Gabe ausgestattet, die

zugleich den Frühlingszauber der Schöpfung erhöht. Und
uns Menschen ist daraus die Weisheit vergönnt, dass es
eindringlichere und zugleich schönere Kräfte gibt als Lautheit.

Der Richtung des herabschwingenden Balzliedes folgend
hatte der Verwalter durch das stark vergrößernde Auszieh-
fernrohr schließlich gegen den hellen Frühhimmel oben auf
dem Fichtendürrling den Hahn entdeckt.

Der Balzplatz des Sonnensängers, das erschien uns
beiden ziemlich sicher, musste gleich jenseits der Schneid sein.
Vom Grat weg zog sich dort ein breites Schneefeld in den tiefer

gelegenen Felswald hinunter. Fast in jedem Jahr vermochte erst die Junisonne es ganz wegzutauen.

Wir zogen also schon am nächsten Spätnachmittag zusammen los. Schön wie immer war, als wir das kleine Block-haus auf der „Schreck" erreichten, die Schau nach Südwesten in den Abendglanz hinein und ins Inntal bis Kufstein hinüber.

Unter der Petroleumlampe in der mehr als hundert Jahre alten Diensthütte, die auf einem kleinen, suhlenreichen Plateau, dem obersten Ausläufer der von da steil abfallenden Schreckalm

steht, plauderten wir noch eine Weile von vergangenen Zeiten. So recht froh aber konnte ich der mir sonst lieben Stunde des Behagens am knisternden Herd nicht werden. Das Wissen um den Verlust dieses Teiles unseres Besitzes lag mir beschwerend auf dem Gemüt. Die mit Rauch aus dem Herd und aus ungezählten in blauen Dunst aufgegangenen Tabaken angedunkelten fichtenen Wände flüsterten, sprachen, riefen Erinnern herbei an gehabtes Glück. Ich musste es oft erfahren, dass Trennungen sich aus der Ferne leichter tragen lassen als aus unmittelbarer Nähe.

Aber es war dann ein herrlicher Morgen, der den stahlblauen Nachthimmel mählich erblassen ließ, während wir das nicht weite Steilstück zu dem Schneefeld hinaufstiegen.

Als wir es, in diesem Jahr war es schon stark zusammengeschmolzen, erreicht hatten, erhob sich die Frage, wo wir unsere Stellung beziehen wollten, ob an seinem unteren, seinem oberen, seinem rechten oder linken Rand. An diesen Rändern aber war nirgends Busch oder Baum, der auch nur notdürftig ausreichende Deckung hätte bieten können. Felsgetrümmer, darunter auch größere Blöcke, war hier wohl hinlänglich verstreut. Aber ich hatte es schon erlebt, dass der Hahn, wenn er spät, will heißen bei fortgeschrittenem Licht, und noch dazu niedrig anstreicht, den nach oben ungedeckt kauernden Jäger, wenn der sich nicht selber felserstarrt benimmt, eräugt und zu allermindest für diesen Morgen dann vergrämt bleibt.

Der nach kurzer Spätmaiennacht heraufdrängende Morgen ließ uns nimmer viel Zeit zum Überlegen, und da kam mir der Einfall, mich oben am Stamm jener abgestorbenen Fichte, von ihren weit herabreichenden, zwar nadellosen, aber dicht ineinander verflochtenen Ästen gedeckt, anzusetzen. Da der Hahn sehr wahrscheinlich auch heute wieder in ihrem Wipfel zur Sonnenbalz aufbaumen würde, konnte ich mit ziemlicher Sicherheit erwarten, dass sein erstes Einfallen im unteren oder mittleren Teil des Schneefeldes erfolgen und er von da dann aufwärts laufen würde.

Der Forstverwalter blieb am Waldrand zurück, und ich stieg so schnell ich konnte zur Schneid hinauf, schliefte unter das sperrige Geäst und lehnte mich in eine sich geradezu anbietende, muldenhafte Vertiefung des breiten, steinharten Stammes.

Für mich bedeutet dieses am erreichten Ziel sich Niederlassen, wenn kein Wegstück mehr zurückzulegen und alles zur Vorbereitung Notwendige abgeschlossen ist, einen der erfreulichsten Abschnitte des Unternehmens auf den Kleinen Hahn. Oft fallen mir dann unterm hoffnungsvollen Erharren schon sehr bald in schwerelosem Halbschlummer die Augen zu. So war es auch damals. Und sanft auch, wie ich hinübergeglitten war, wurde ich – wie lange danach, konnte ich nicht ermessen – geweckt. In weißlichem Perlmutterschimmer spannte sich hoch über mir der Himmel. Von Osten her berührte ihn unter dem verlöschenden Morgenstern rosiger Hauch. Irgendwo, so war mir, hatte doch eben ein Hahn geblasen!? Sehr nahe musste das gewesen sein. Aber wo? Die noch fahle Schneefläche vor mir breitete sich leer. War dies auf mich immer wie eine Anfrage wirkende erste, noch ein wenig verschlafene Fauchen aus dem in meinem Rücken steil abfallenden Latschenfeld des Gegenhanges gekommen? – Jetzt war es ganz still, ein, zwei, drei Minuten, wie angestrengt ich auch lauschte. Dann plötzlich aber ertönte wieder aus nächster Nähe wie ein Aufschluchzen abgerissenes weiches Krugeln. So lässt der Hahn es hören, ehe

In der Kunst,
sein Leben zu meistern,
lautet eines der
obersten Gesetze:
„Sei wachsam“.
Jagd (nicht sie allein,
aber auch sie) bedeutet
gesteigertes Leben.

LUDWIG BENEDIKT
VON CRAMER-KLETT

er sich einspielt in seinen sehnsüchtig einlullenden und zugleich jubelnden Gesang. Wo nur, wo!? So nahe, so ganz zärtlich nahe klang es. Und jetzt begann der Unsichtbare voll zu balzen.

Was er am Ende …? Aber das gab es doch nicht, ich hätte ihn einfallen hören müssen!? Ich bog den Kopf zurück, und da fuhr mir ein heißes Erschrecken durch alle Glieder, zugleich aber ward mir ein Anblick von unvergesslicher, wunderhafter Schönheit. Nicht viel höher als anderthalb Meter direkt über mir stand der Hahn in der Fichte, durch eine größere Lücke im Geäst ganz und gar frei und unübergittert sichtbar. Wann bekommt man je einen balzenden Spielhahn auf knappe Bergstocklänge genau senkrecht über sich, oder vielleicht besser

Zu den feinsten Stimmungen jägerischen Erlebens gehört immer die der Vorbereitung und des Aufbruchs.

FRIEDRICH VON GAGERN

gesagt von unten zu sehen! Eine Vision war es, etwas Unglaubhaftes, schwebte da vor dem weiß aufgehellten Frühhimmel, durchzittert von einem Zauberlied. Ich glaubte nie längere Sicheln an einem Spielhahn gesehen zu haben. Aber dafür, für jede jägerische Erwägung überhaupt, war bei diesem Bild kein Raum. Das Merkwürdige aber war, dass von eben diesen beiden Sicheln, die der Hahn weit gefächert, aber nicht aufgestellt hatte, dass von ihnen, die aus solcher Nähe riesengroß erschienenund sich kaum, nur mit dem vibrierenden Hahnengesang, ganz sacht hoben und senkten, die Verzauberung ausging. Vielleicht lag das an der Stellung des halb von mir weggewendeten Hahnes, ich kann nur sagen, dass es mir war, als schwebe die Lyra in der unsichtbaren Hand eines Engels frei über mir im Himmel.

Wie lange dies Glück währte, weiß ich nicht. Ganz plötzlich, ohne kürzestes Verschweigen, ohne Unterbrechung des Sanges durch Blasen, strich der Hahn ab. Hatte er mich im zunehmenden Licht eräugt? Nein, er wendete, schlug mit reglosen Schwingen einen Bogen und ließ sich fünfzig Meter unterhalb von mir auf das Schneefeld fallen. Und jetzt war es mit einem Mal ein ganz anderes Wesen, das da blies, Flattersprünge machte und, die langen Sicheln am Boden nachschleifend, mit tief erregtem Krugeln über die weiße Fläche lief.

Ich hab' den Hahn dann geschossen. Auch ich war wieder zum kleinen Jägermenschen geworden. Später hab' ich, über dieses besondere Erleben nachsinnend, mir manchmal gedacht, ich hätte mich schämen sollen, es durch einen Schuss zu beenden. Und heute würde ich vielleicht, aber nur vielleicht, mir diesen Schuss versagen. Im Lauf meines Lebens habe ich aber erfahren, dass es aus jedem, auch dem schönsten Traum, ein Erwachen, eine Rückkehr zur Wirklichkeit gibt. Und man braucht sich nicht zu schämen, dann wieder mit festen Füßen auf ihrem Boden zu stehen.

WALDPFINGSTEN

HERMANN LÖNS

Der Südost kam schon sieben Tage lang durch die Talscharte; er machte die Blumen welk, das Gras staubig, nahm den Faltern die Lust am Flug und den Vögeln die Freude am Singen und legte Langeweile auf die Wälder.

Jeden Mittag stiegen schneeweiße Wettertürme hinter dem hellgrünen Walde am lichtblauen Himmel empor, Donner und Blitz drohend, Regen und Frische verheißend, jeden Nachmittag trieb sie der heiße Wind wieder hinter die Berge.

Missmutig liege ich auf der Pritsche und sehe mit halb offenen Augen dem Siebenschläfer zu, der langsam und bedächtig auf dem rohen Brettertisch nach einer Brotrinde sucht; da grollt es dumpf und drohend, das graue Kerlchen macht ein Männchen, und beim ersten Donnerschlage huscht es hinter den Stapel Dohnen in der Ecke.

Ich springe auf und stelle mich unter die Türe. Noch ist es grau im Holze, noch pfeifen die jungen Ohreulen. Plötzlicher Sturm setzt ein, rauscht in den Buchen, treibt Falllaub den Hang hinab, wird wieder still, und mit gelbem Geflamme, gellendem Geknatter bricht das Wetter los.

Alle die leichtsinnigen Lieder, die ich in Spinnstuben und Wirtshäusern, von Himbeersucherinnen und Rekruten hörte, und die ich sieben Tage lang vergessen hatte, werden wach in mir. Ich summe das Lied von dem Mädchen, das früh aufstand, um Brummelbeeren zu pflücken in dem Wald, und pfeife die Weise von dem lustigen Pfannenflicker, während draußen der Platzregen rauscht, Blitze zucken und Donnerschläge krachen.

Mit einem letzten harten Schlage bricht das Gewitter ab. Rot steigt die Sonne hinter den grauen Felsen auf, die Wiesen blitzen von Diamanten, im Bache rinnt flüssiges Silber zu Tale, das Espenlaub schimmert wie goldenes Glas. Laut flötet der Pirol, lustig pfeift die Drossel, der Fink schmettert, der Mönch schwatzt, und jauchzend preist der Gabelweih den schönen Tag, den ersten Tag des frohen Festes.

Doppelt schön dünkt er mich, fern von der lauten Welt verlebt. Scharenweise strömt das Volk der Stadt in die Berge hinein, mit lautem Wesen die Wälder erfüllend; in mein stilles Felsental dringt heute kein Menschenwort. Keine alte Frau holt Dürrholz, kein Bauer arbeitet an den Gräben, und der Schäfer

Die Einsamkeit wollte ich haben.
Nicht die schmerzliche, traurige, verlassene,
die nicht, aber meine stille, gute, kluge,
liebe Einsamkeit, die mir zuredet mit leisen
Worten, die mir ihre stillen Lieder
singt und mit mir geht, stumm und froh …

HERMANN LÖNS

hütet heute weit von hier. Nur die Stimmen der Wildnis schlagen an mein Ohr.

Barfüßig und barhaupt, nur in Bluse und Hosen, bummele ich durch den Wald. Ungespannt hängt die Waffe unter der Schulter; mit keinem polternden Schuss will ich heute die frohe Stille der Einsamkeit zerreißen, nur sehen will ich und lauschen, nur freuen mich über diesen Feiertag.

Alles Leben hat der Regen fröhlich gemacht, sogar den schwarz-gelben Feuermolch hat er aus seinem Mauseloch gelockt. Würdevoll watschelt er über den Weg, lange sich besinnend, ehe er über den flachen Stein steigt. Die Blindschleiche, stolz auf ihr neues veilchenblau geflecktes Kleid, liegt faul unter dem blühenden Türkenbund in dem Sonnenfleck und wärmt den silbernen Leib.

An der Ecke des Waldes, unter der hohen Zwillingsbuche, liegt ein grauer Stein; da will ich meine Morgenpfeife rauchen. Neben mir her sprudelt der Bach zwischen blauem Ehrenpreis, weißem Schaumkraut und duftender Minze. Rechts und links von ihm steigt in schönen Schwingungen die Wiese auf und ab, bunt von Blumen, überflattert von Faltern, durchsummt von lustigem Bienenvolk.

Alle meine Rehe sind da, die ich sieben Tage nicht sah. Den Bach entlang äst sich die alte Ricke mit ihren drei Kitzen, am Hütebaum steht eine andere mit zwei Kleinen, drüben am Rosenbusch eine dritte. Wohin ich sehe, ein roter Fleck, zwei braune Lauscher im langen Grase; so vertraut, als gäbe es weder Kraut noch Lot, sitzt unter mir der starke Gabelbock mitten zwischen lauter Vergissmeinnicht, und sein Schmalreh rupft um ihn herum die saftigen Köpfe des wilden Klees.

Ein froher Tag ist dieser Tag. Klatschend steigt der Ringeltauber über die Kronen der Eschen und Ahornbäume, tanzt auf und ab und streicht zu der Buche, in der die Taube brütet. Dort ruft er laut und zärtlich. Vom steilen Hange, an dem die hohle Buche steht, antwortet ihm dumpf heulend der Hohltauber, und hoch aus blauer Luft erschallt des Wanderfalken scharfer Schrei.

Ich freue mich, dass ich mich gestern von den Freunden losriss. Die sitzen nun hinter der Brüstung des Gasthauses und sehen den Stadtmenschen zu, die haufenweise vom Bahnhofe kommen. Erst macht es ihnen Spaß, das bunte Treiben, aber wenn der Lärm nicht aufhört, wenn kein Plätzchen im Garten frei bleibt, dann werden sie doch an mich denken und mich beneiden, trotz der Forellen, trotz des Rehrückens, trotz der kalt gestellten Flaschen, trotz der hübschen Mädchen an ihrem Tische.

Ich esse Schwarzbrot ohne Butter, ein Stück harten Käses und drei Stangen Johannislauch, Quellwasser ist mein Tischtrank, und doch tausche ich mit den Freunden nicht. Und wenn ich auch hübsche Gesichter über hellen Kleidern gern sehe und lustige Augen, und frohe Worte und helles Lachen gern höre von einem frischen roten Mund, in Waldesstille und Bergfrieden misse ich sie nicht.

Die Pfeife im Munde, die Hände auf Lauf und Kolben des Dreilaufs, bummele ich wohlgemut den Pürschsteig hinab. Schönes finden meine Augen bei jedem Tritt, bei jedem Schritt höre ich Neues. Am Rande der Fichtendickung leuchtet des Dompfaffenhahnes rote Brust, wie ein goldener Blitz fährt der Pirol um die Weichselkirschkronen, Kernbeißer atzen ihre flügge Brut, junge Drosseln huschen durch das Laub, purpurne Kuckucksblumen stehen feierlich zwischen schlanken Gräsern. Fährten narben überall den weichen Boden, winzige Fährten

der Kitze, breit klaffende der Ricken, dann der geschlossene Schalenabdruck des Bockes. Dort in den glitzernden Blättern des Haselwurzes steht einer und verhofft. Er hat meiner nackten Füße leises Rauschen in den nassen Blättern vernommen. Prächtig sieht er aus; brennend rot leuchtet seine Decke in der Sonne, und silbern funkeln über den Lauschern die weißen Enden.

Leicht streckte ich ihn. Aber es ist Pfingsten heute; mein Finger soll gerade bleiben, und kein roter Fleck soll des Waldmeisters reine Blüten verkleben. So lasse ich ihn weiterziehen in das lichte Haselgebüsch, und setze Fuß um Fuß wieder leise voran auf dem nassen, schlüpfrigen Boden, stehen bleibend, wo eine Bucht Ausblick auf die Wiesen bietet, mich an den roten Flecken freuend, die sich darauf hin und her bewegen, langsam und bedächtig, oder in mutwilligen Sprüngen.

Zwischen zwei dicken grauen Stämmen hindurch sehe ich auf den Bach und den Weg. Auf der grauen Steinbrücke blocken zwei blanke Krähen. Mit lautem Gequarre stieben sie ab, dem blühenden Weißdornbusch zu. Dort stoßen sie, auf- und abschwebend, mit wütendem Gekrächze. Einen Augenblick besinnt sich die Füchsin, die dort maust, ob es sich wohl mit ihrer Würde vertrage, Reißaus zu nehmen, dann schnürt sie der Schlucht zu, von den Schreihälsen verfolgt.

Am Rande des raumen Stangenholzes über der steilen Waldwiese habe ich mir einen Sitz gemacht. Ein moosiger Stumpf ist meine Rückenlehne, Buchenwurzeln sind Armstützen. Da lege ich mich hin, rauche und denke an nichts. Hinter mir warnt der Buntspecht; dann höre ich das gierige Kreischen der jungen Gabelweihen, die von den Alten geatzt werden, und über mich fort segelt einer der stolzen Vögel. In der Wiese tanzt eine Häherfamilie herum, macht Faxen, schwatzt närrisches Zeug, ahmt Bussard und Drossel, Specht und Wachtel nach und stiebt mit Angstgekreisch von dannen.

Und aus der Dickung, in der der Bock neulich mit meiner Kugel zusammenbrach, schiebt sich ein schwarz-weiß gestreiftes Gesicht. Grimbart, der Einsiedler, ist es. Auch er hat die Sonne gern, der heimliche Mann, und lässt sie sich gern auf die Schwarte brennen. Aber er traut ihr doch nicht ganz, er windet und verhofft lange und dann sticht er am Rande der Wiese entlang nach Engerlingen und Regenwürmern, ab und zu zusammenfahrend und sich hastig da kratzend, wo es ihn

Jagd ist Schauen, Jagd ist Sinnen,
Jagd ist Ausruhen, Jagd ist Erwarten,
Jagd ist Dankbarsein.

FRIEDRICH VON GAGERN

juckt. Ein Hase, der sich sonnte, macht erstaunt ein Männchen, wie er den grauen Burschen eräugt, und rückt dann langsam in die lückige Fichtenschonung hinein.

Ein Schmalreh tritt aus, bei jedem Schritt verhoffend. Es ist dasselbe, von dem ich den Bock fortschoss. Ich denke nicht gern daran. Sehr spät war es, als ich ihn von der Grenze mit schlechtem Winde wieder zurück drückte, wo vier Schrotläufe auf ihn lauerten. Im Sturmschritt keuchte ich dann bergauf, schnitt ihm den Wechsel ab, und nicht steif genug waren meine Arme, als der Finger an den Stecher zuckte. Mit abgeschossenem Vorderlauf musste ich ihn ziehen lassen, und als ich ihn in der Frühe mit dem Hunde arbeitete, da war er noch warm.

Unheimlich schön war das Bild, das er mir bot. Er lag wie schlafend da. Rechts und links standen, wie vor Schrecken aufgedunsen, je sieben bleichgrüne Aaronstabblüten. Um sein Geäse spross die seltsame Schuppenwurz, rot gefärbt waren ihre menschenhautfarbenen Blumen. Eine hohe, leichenfarbige Vogelnestwurz hielt bei dem Bock die Totenwacht, so fahlgelb aussehend, als hätte sie vor Grauen alle Farbe verloren. Und zwanzig Schritte davon stand das Schmalreh und sprang

entsetzt ab, als der Frühwind die Wittrung von Mensch und Hund heranwehte. Wie ein Mörder kam ich mir vor, wie einer der Buben, die dort, wo das schlichte Denkmal im kühlen Grunde steht, den Förster mit Schlingen aus Draht erdrosselten.

Dass der mir auch heute einfallen muss. Gestern traf ich einen Bauern, der den Toten fand. Der Mann schüttelte sich noch, als er es mir erzählte: „Und wenn ich so alt werde wie die Buche da, Herr, ich werde es nie vergessen, wie er zwischen den Bäumen ausgereckt in den Schlingen hing. Besonders die Hände nicht; die hatten sie ihm mit Draht zusammengeschnürt. Ganz weiß wie bei einem kleinen Kinde waren sie vom Tau geworden. Und früher waren sie so braun wie meine."

Hinter dem Schmalreh tritt der Bock aus. Ich kann den Kopf nicht sehen, der blühende Heckenkirschenbusch deckt ihn, aber das Gebäude sagt mir, dass er ein braver Bock ist. Jetzt tritt er vor; ich fahre nach dem Kolben: Das ist er ja, auf den ich drüben am Teiche fünf Abende und fünf Morgen passte, ohne Glas erkenne ich ihn. Ein Heimlicher ist es, einer, der heute hier ist und morgen da, der keinen anderen neben sich duldet, der alle anderen Böcke dort abkämpft, wo er seinen Stand sich wählt. Soll ich, oder soll ich nicht? Es ist weit, aber ich habe das Fernrohr hier. Ich brauche nur das Knie hochzuziehen, dann habe ich Stütze genug zum Anstreichen. Und Blatt genug gibt er jetzt auch frei. Aber einmal ist heute Pfingsten, und dann hat mir die Erinnerung alle Lust zum Jagen genommen, und drittens, ich schäme mich, ohne Mühe und Arbeit den Braven zu strecken, der mir durch Zufall vor die Büchse zog. Fort ist er auch schon. Mir ist es so lieber. Aber vom Liegen werde ich zu faul. Ich will die ganzen Grenzen an dieser Seite abpürschen. Kühl und frisch ist es im Altholze. Der Kuckuck ruft, am Stamme einer Riesenbuche hängt der Eichkater und faucht, überall rucksen die Täuber, ein Bussard miaut. Der blühenden Ebereschen Duft weht von der Rodung herüber.

Dorthin zieht es mich, in dieses rote und gelbe Gewirre junger Blätter, die über blauem Waldvergissmeinnicht und gelben Hahnenfuß zittern. Eine halbe Stunde lang zieht sich der ungeheure Kahlschlag der Bergflanke entlang, tiefe Erdfälle, wirr umwuchert von Bergholunder und Schneeball, unterbrechen ihn, und feuchte Quelleneinschnitte, strotzend von saftigen Kräutern. Hier will ich mein Mittagsmahl einnehmen und meine Unterstunde verdämmern, während Hänfling und

Goldammer, Dorngrasmücke und Baumpieper mir etwas vorsingen. Ich esse und recke mich, der Sandmann kommt, verschwommen horche ich noch auf den Singsang des Ammers, das Kichern des Turmfalken, dann fällt mein Kopf gegen den Stamm des Eichenüberhälters.

Rasseln und Prasseln weckt mich; flüchtige Rehe sind es. Laut schrecken sie hinter mir. Noch halb im Traume sinne ich über die Ursache nach. Da höre ich ein leises Räuspern und ein Mann kommt an mir vorbei. Er erschrickt und fasst nach seinem Stock, dann lacht er. Ich lache auch, aber ich denke mir mein Teil. Umsonst trägt er nicht unter dem Arme abgeschnittene Rotbuchenzweige, genau solche, wie ich sie vor so vielen Wechseln in den Hagebuchenhecken fand, damit ihr trockenes, klirrendes Laub die Rehe dazu anhalte, diese Wechsel zu meiden und die versteckten einzuschlagen, die der Biedermann mit Schlingen bestellt.

„Ich habe mir Besenreiser für meine Frau geschnitten", meinte er, ohne dass ich ihn fragte, und sieht mir mit erkünstelter Festigkeit in die Augen. „Birken geben aber bessere Besen", meine ich und gebe ihm eine Zigarre, und dann gehe ich noch ein Stündchen mit ihm und lasse mir allerlei erzählen, und denke nur daran, dass seine Fährte dieselbe ist, die ich überall da im Walde finde, wo kein Mensch um diese Zeit etwas zu suchen hat, und nehme mir vor, sie nachher hübsch auszumessen und mit den Maßen zu vergleichen, die ich dem Gendarm und dem Förster gegeben habe.

Es dämmert schon im Holze, wie ich zurückkomme. Große braune Abendfalter zickzacken über den Waldmeister- teppich, eine große Fledermaus taumelt um die Buchenstämme, im Erdfall quarren die Frösche, läuten die Unken, im Schatten der Böschung klingeln die Geburtshelferkröten. Aus allen Waldrändern treten die roten Rehe, über die Kuppen der Hügel schnüren die Füchse, aus den Bachgründen quellen Nebelstrei- fen und hinter der grauen Felszacke kommt der Mond hervor. Von der hohen Kanzel am Abhange aus sehe ich den Tag zur Rüste gehen. Hinter schwarzen Waldmauern verflammt die Sonne, roter Schein färbt den Himmel, dichter ziehen die Nebel über die Wiesen und verhüllen ein Reh nach dem andern, dumpf unkt in den Fichten die Ohreule.

Am Mordsteine vorüber gehe ich der Köte zu. Dumpf ist es hier im Grunde, und die Ohreule seufzt kläglich in der Tanne.

Etwas wie Angst, aus Mitleid entstanden, fasst mich an, und schneller gehe ich weiter. Da bleibe ich stehen; ein Schrei, gellend, kreischend, klingt aus der Dickung. Schon fasse ich nach dem Kolben, aber dann springe ich vorwärts, denn ich habe jetzt den Schrei erkannt, die Angstklage des Bockes. Da poltert es auch schon heran durch Dick und Dünn, zwei Schatten fahren durch das hohe Holz, mitten durch meinen Wind, ohne zu verhoffen, und rasselnd und prasselnd geht die Hatz talab.

Das war der Bock von der Bergwiese, den ich heute Vormittag sah; er forkelte einen andern aus seinem Stande fort. Und nun weiß ich auch, wo ich den Raufer zu suchen habe. Kommst du mir morgen, dann ist Schluss mit dir; nur einmal im Jahre feiere ich mein Waldpfingsten.

... und die Stimmung pfleglich und liebevoll in sich aufnehmen, wie altedeldunklen stärkenden Wein, die Stimmung schauen, hören, auskosten, wahrhaft durchleben mit allen Nerven und Sinnen: Das ist das ganze, das große Geheimnis.

FRIEDRICH VON GAGERN

32

DER BAJONETTBOCK

LUDWIG BENEDIKT
FREIHERR VON CRAMER-KLETT

Der Bajonettbock

Der Bajonettbock trug, so wenigstens drückte sich der Forstverwalter in anschaulich gebildeter Weise aus, einen „Turmbau von Babel" zwischen den Lauschern: ein enges, unten rau geperltes Gehörn von etwa fünfundzwanzig Zentimetern Höhe, die Stangen waren endenlos und vom zweiten Drittel ab zu elfenbeinerner Blankheit gefegt. Ein nur halbwegs reherfahrener Jäger wird zugeben müssen, dass von einer solchen nach oben hin schier kein Ende nehmenden Rehkrone, und gar wenn ihr die Unterteilung durch Enden fehlt, eine turmhafte Wirkung ausgeht. Der Bock war zudem alt und hatte zwischen hellen Augenbogen ein auffallend dunkles Dreieck auf der Stirn.

Er hielt sich in der Umgebung einer der schönsten Waldwiesen unseres ganzen Besitzes auf. Sie muss zu Zeiten, in die selbst die Erinnerungen des Teissendorfer nicht zurück reichten, von einem Jäger geschaffen worden sein. Da ruhte und ruht heute noch ein aus den weit oben gelegenen Wänden herabgestürzter Felsblock, groß wie zwei Häuser, mitten im Wald. Eine Art Steig, eine schmale, mehrfach sich windende Steintreppe führt auf seinen Scheitel hinauf. Dort oben bieten sich allerhand steinerne Gesimse, Sessel, Bänke und Hocker, bemoost und mit Nadelstreu bedeckt, zum Sitz an und vereinzelte magere Felsfichten als Deckung und Anstrich. Und vom Fuß dieses Felsens nun zieht sich jene kleine Waldwiese einen Büchsenschuss lang und einen Schrotschuss breit sanft hangaufwärts. An ihrem oberen Ende, in den Fichten schon wieder halb versteckt, ist eine große, zerklüftete Suhle ausgeschlagen und dicht dabei seit Jägergedenken eine Lehmsulze errichtet. Das alles war damals noch vom hoch gewachsenen, dichtdunklen Tann eingeschlossen und behütet. Ein schlaues Steiglein führte von einer nahen Niederalm durch die turmalingrüne Dämmerung zwischen hochschäftigen Fichten an den Felsen.

Wie viele Jägerhoffnungen mögen im Lauf der Jahrhunderte auf diesem Menschenwechsel der pirschenden Sohle vorausgeeilt sein, wie viel erwartungsvolle Blicke sich aus dem Gefels heraus auf den grünen Teppich unten gerichtet haben, wie viele Stunden stillbegierigen Wartens dort schon verhockt worden sein. Im Juni, wenn drunten die Grillen zirpten und die

Schmetterlinge um Rispen und Blüten taumelten, im August, wenn man des keuchenden Brunftbockes genauso gewärtig sein durfte wie des sich in die Suhle werfenden Feisthirsches und des einer sommerlichen Laune folgenden einschichtigen Kapitalgams, im Herbst, wenn aus den Disteln und Brombeerstauden am Waldrand der langschnurrbärtige Althase sich auf die Lichtung herausschob und der starke Bergfuchs sie im letzten Abendschimmer überschnürte.

Ich habe diesen Revierteil längst verloren, verschmerzt und verwunden, nur diese kleine, diese beglückend zeitlose, jägerromantische Waldwiese nicht. Und auf ihr hatte der Teissendorfer den Bajonettbock mit seinem Turmbau zwischen den Lauschern erstmalig schon vor zwei Jahren gesichtet. Vierhundert Meter in der Luftlinie davon entfernt trieb der „Weite" sein Wesen. Sein Einstand war ein unterhalb der Felswände auf steinigem Grund fußendes Altholz, aus dem heraus er auf einen an die fünfzig Tagwerk großen Schlag abwärts zur Äsung zog. Auf dem untern Teil dieses Schlages entsprangen in Rinnen, in Buchten, in Wannen ungezählte Quellen und jede von ihnen war in nahezu tropischer Fülle von Kräutern und Stauden aller Art und nicht zuletzt von wüchsigstem Jungwald umwuchert. Die Gipfeltriebe der Fichten und Tannen und vereinzelter Lärchen waren mitunter mehr als meterlang. Der oberste Schlagrand dagegen hatte teilweise felsigen Grund und kargeren Pflanzenwuchs. Auf den dort dem Jungwald eingesprengten Blößen ließ sich der „Weite" zuweilen sehen. Er trug die idealst geformte Krone, die ich in unseren Bergwäldern auf eines Rehbockes Haupt je angesprochen habe. Von Spitze zu Spitze gemessen, mag sie eine Auslage von zwanzig Zentimetern gehabt haben. Die hinteren Sprossen standen in einem Winkel von neunzig Grad zu den Stangen, die vorderen setzten auch nahezu senkrecht an, schwangen sich dann aber in einem langen Bogen, fast wie die Augsprossen am Hirschgeweih, nach oben. Unten zwischen den Lauschern war alles dunkel und dicht und dornig. Das Haupt dieses Kapitalbockes war ganz grau, ganz vorne verlief, wie der Nasenriemen am Kopfgestell des Pferdes, ein etwa zwei Finger breites weißes Band. Während die Decke des Bajonettbocks dunkelfeuerrot war, hatte die des „Weiten" viel hellere, beinahe flachsblonde Töne und ging nur entlang dem Nacken und dem Ziemer ins Rötliche über.

Beide Böcke hatte ich schon gesehen; den Bajonettbock nur wenige Sekunden lang im Vorjahr zu Ende der Blattzeit. Wir hatten eine kurze Regenpause zu einem Ansitz an der Waldwiese benützt. Der unruhig hin- und herstoßende Wind ließ jedes andere Unternehmen sinnlos erscheinen. Von dieser natürlichen Kanzel aus aber, die nahezu doppelt so hoch war wie die höchste künstliche, konnte man vielleicht Anblick erhoffen. Schon nach einer Viertelstunde aber rauschte es aus dem schwarz gebliebenen Himmel aufs Neue in wilden Wasserstürzen herab, und wir schauten, dass wir heimkamen. Während wir, den Jägerstieg benützend, der Almblöße zu strebten, wischte es plötzlich rot durch die tiefe Düsternis zwischen den Stämmen. Eine Geiß überfloh dreißig Gänge vor uns den Pfad. Ihr folgte ein Bock, der unsere wehenden Mäntel eräugte, jäh abbremsend stillstand, uns erkannte und dann rascher noch, als er aufgetaucht war, verschwand. Die zwei Sekunden starren Verhoffens aber hatten genügt, mir den richtigen Begriff vom Bajonettbock zu geben. Den „Weiten" hatte ich auch nur einmal, und zwar vom Spielhahnfalz heimgehend, gegen Ende des Monats Mai, fast völlig verfärbt schon, oben am Rand seines Altfichteneinstandes äsend gesehen. Er ließ mir damals Zeit, ihn sehr gründlich durchs Perspektiv anzusprechen.

Keiner dieser beiden Hauptböcke war dem Schwarzen-bacher annähernd ebenbürtig, und dennoch war jeder in seiner Art betörend genug, um mich von dem Pfad der Beharrlichkeit zum höchsten Preis meines jägerischen Bemühens abzulenken, von jenem wohl bekannten, schier kein Ende nehmenden, Schweiß erpressenden Wechsel, vom steilsteinigen Ziehweg, von der noch steileren freien und schattenlosen Route über ungezählte Almbuckel bis hinauf ins Reich der Latschen und vom langen, sanft ins Schwarzenbachtal hinunterführenden Querstieg durch unabsehbaren Hochwald.

Eines Nachmittags zu Anfang des Juli geschah es wieder, dass ich mit meinem für damalige Begriffe sehr schnellen Chryslerwagen durch den strömenden Regen von München nach Aschau hetzte. Die Münchner Universität feierte irgendein Fest mitten unter der Woche, der Vater, der zu Beginn meiner akademischen Laufbahn streng darüber wachte, dass ich meine Kollegien pünktlich besuchte, war verreist, und aus diesen beiden Gegebenheiten ließ sich für meine rehjägerischen Pläne allerhand herausholen. Der Montag, so dachte ich, ging als Reisetag ohnedies zur Hälfte verloren und wenn ich mir, wozu ich fest entschlossen war, die Festreden seiner Magnifizenz in Barett und Toga und verschiedener Regierungsgehröcke schenken wollte, dann durfte auch der Dienstag, der Vortag dieser historisch so bedeutsamen Feier zur Hälfte Reisetag sein. Der Mittwoch war dann der große Tag, in dessen Licht alle akademischen Brillen, die altmodisch goldenen und die fortschrittlich hürnernen, verklärt erstrahlen. Den halben Donnerstag hätte ich für die Rückreise nötig gehabt, und am Freitagnachmittag war schon wieder Reisezeit für das Wochen- ende. Was verschlug es also, wenn ich von Freitag Nachmittag bis zum übernächsten Montag einmal grün machte.

Der Himmel schien mit meiner Reise nicht einverstan- den, denn er schüttete alles, was er an Wassern vorrätig hatte, auf die frühsommerlichen Wälder herunter. Aber das konnte sich ja im Lauf von acht Tagen ändern. Im Torbogen neben der Einfahrt stand zu meiner freudigen Überraschung der Teissendorfer, der irgendwoher von meinem Kommen Wind gekriegt hatte. Wir schüttelten einander die Hände, und dann stieß er erregt, die bärtige Oberlippe über den gelben Zähnen hochziehend, hervor: „Bitte, tun Sie mir den einen Gefallen und gehen Sie heute Abend mit auf den Kniebusschlag. Ich hab' den ‚Weiten' jetzt zwei Abend' nacheinand' da oben gesehen."

Eigentlich hatte ich ja heute noch den halben Weg zum Schwarzenbachtal zurückzulegen und auf der Hirschlakhütte nächtigen wollen. Der Wetterbericht – ich versäumte fast nie, ihn vor der Abreise an dem kleinen Wettertürmchen in den An- lagen bei unserem Haus zu studieren – lautete gut. Morgen früh schon konnte es aufklaren, konnte einer der günstigsten Birsch- morgen dieses Frühsommers anbrechen. Aber reizvoll war's nicht, bei diesem Schnürlregen den langen steilen Weg durchs Wallnertal einen schweren Rucksack hinaufzusäumen. Anblick, an dem das Waidmannsauge sich hätte erlaben können, oder gar jägerischer Erfolg waren zudem auf dieser Strecke so gut wie gar nicht zu erwarten. Und ich hatte ja Zeit vor mir, und ich konnte es schließlich morgen genauso probieren, und ich war, wenn ich mir's auch nicht ehrlich gestand, nicht so recht eingestellt auf den weiten Marsch, weil der vorhergehende Abend bei Tanz und anderer Kurzweil sich bis zum hellen Morgen ausgedehnt hatte. Ich wurde also schwach und willigte ein.

*Das ist doch das Schönste
an der Jagd, dieses
wunschlose Stillliegen.
Der Bock, wenn ich ganz
ehrlich sein will, ist
nur ein Vorwand für das
heimliche Gehen,
für das lautlose Pürschen,
durch das mir alle
Waldgeheimnisse kund
werden.*

HERMANN LÖNS

Noch ehe ich mich oben in den Turmstuben ganz vom Städter zum sommerlichen Bergjäger verwandelt hatte, schien bereits die Sonne durch große blaue Lücken im abziehenden Gewölk auf das nässetriefende Tal herunter. Sollte ich's nicht doch noch anders machen, trotz meines Handschlags den Teissendorfer versetzen und auf der westlichen Talseite den Aufstieg beginnen?! Ach was, es war nun einmal ausgemacht. Das Schwarzenbachtal lief nicht davon, und der Schwarzenbacher selber würde den Stand wegen eines Tages auch nicht verändern. Überdies war er seit jener letzten Begegnung nicht mehr gesehen worden.

Es war ein zauberischer Abend, droben auf dem Kniebusschlag. Was für ein Geschehen mochte dem abgelegenen Waldteil einst den Namen verliehen haben, wer hatte in alten Zeiten dort einmal Kniebuße getan, tun wollen, tun müssen, tun dürfen, vorgegeben, getan zu haben? War ein Holzdieb oder ein Wildschütz vor dem Grundherrn oder seinem Wildmeister auf den Knien gelegen oder in die Knie gezwungen worden, hatte aller Ganghoferischen Romantik voraus eine Frau sich dazu erniedrigt, des Wilderers Weib oder gar seine Geliebte, die auf einer der umliegenden Almen Sennin war, hatte ein Kreuz da irgendwo am Weg gestanden, zu dem man heimlich hinauf pilgern konnte, sein Herz auszuschütten, seine Schuld abzuladen – keiner wusste mehr darum. Aber der Name lebte noch, ward gedankenlos übernommen und weitergegeben und ließ heute nur noch Vermutungen zu, die dem, der Sinn dafür hat, erregender noch sind als Sage und Kunde.

Als wir ankamen und unsern Sitz auf einem halb vermorschten Stock wählten, lag volles Abendsonnenlicht auf dem weit sich hindehnenden Schlag und Jungwald. Es blendete und blitzte golden und smaragden von jeder Rispe, von jedem Blatt und jeder Nadel; Zinnkraut, Adlerfarn, Himbeerstaude, Erlgebüsch, Junglärche und Fichte, alles troff und perlte von Nässe, sprühte und funkelte von Licht. In feurigem Rot erschimmerte die Decke eines starken Alttiers, das, von seinem gefleckten Kalb gefolgt, in Richtung auf die Alm hin sich durch den Jungwald schob. Ein paar Mal äugte es zu uns herunter, stolz, drohend, abweisend, ganz Königin, Mutter eines königlichen Geschlechts. Der Tauber rief, der Bussard kreiste, da und dort auf hohem Wipfel noch eine flötende Amsel, ab und zu in der Ferne verspäteter Kuckucksruf. Johanni war vorüber; knapp drei Wochen noch, und in den Wäldern würde der Liebesreigen der Rehe beginnen.

Wir saßen schon im Schatten, als oben der „Weite" in den Schlag und ins eindringlich vergoldende Licht der scheidenden Sonne herunterzog. Ich schaute ihn mir erst noch kurz durchs Perspektiv an. Er war es und er war wirklich so gekrönt, dass einem ein glücklicher Schreck von der Magengrube bis in die Fingerspitzen fuhr. Ungut und grimmig rupfte er sich die Halme, mit den regennassen Stangen nickend und mit den Lauschern den Mücken wehrend, zwischenhinein immer wieder misstrauisch trotzig aufwerfend. Die Lauscher spitzten sich dann und spielten langsam zur Rechten und Linken dieser machtvoll ausladenden, mit wachsgelben Enden prahlenden

Gehörne und Geweihe sammeln
ist Liebhaberei.
Lebenskräfte,
so wie die Natur sie will,
beschützen,
ist eine ernste Aufgabe.

LUDWIG BENEDIKT
VON CRAMER-KLETT

Prachtkrone, indes nach kurzer Starre die Kiefer wieder zu malmen begannen. Dann ein belästigtes Schütteln und schließlich beruhigtes Rückversenken von Haupt und Lauschern in Kraut und Gras. Die Entfernung betrug etwa dreihundert Meter. Ich musste näher heran.

„Net lang spekulieren! Schaun'S, dass auffa kemma, aufs Köpferl. Sehn'S des Köpferl, unterbei ist ein Tannenhorst. Von da aus derglangen S'ihn und Schussfeld hab'n S' a."

Ich sah alles. Wir hatten vorher schon Angriffsplan und Kriegspfad beraten. Mit langen Schritten machte ich mich auf den Weg.

Der untere Teil der Dickung lag schon im tiefen Schatten. Ich durchquerte ihn auf einem alten, aus halb vermoderten

Prügeln gefügten Holzabfuhrweg. Alles war nass und atmete Feuchtigkeit, die Luft, der Boden, die Bäume, das zwischen den glitschigen Rundlingen hervorsprießende Zinnkraut, die schleimigen Pilze und der den Pfad säumende Lattich. Wie fast immer, wenn man sich vom gegenüberliegenden Hang her einen Weg ausgeschaut hat, war es an Ort und Stelle nicht einfach, sich zurechtzufinden, aber schließlich hatte ich den Tannenhorst auf einen Schrotschuss vor mir und sah jetzt durch die Wipfel auch das Ziel meiner Birsch, das Köpferl.

Während ich's noch ins Auge fasste und überlegte, ob ich den Horst von rechts oder links umgehen sollte, stand plötzlich da, wo ich in wenigen Minuten selber zu stehen gedachte, ein feuerroter Gabelbock und äugte verduzt zu mir her. Das war nun ein ärgerlicher, ein wirklich verdammter Zwischenfall. Ich rührte keinen Finger mehr und schaute aus halb geschlossenen Augen den sehr hoffnungsvollen Jährling an, der noch nicht viel Verdacht geschöpft zu haben schien. Schon nach ein paar Sekunden machte er sich, Kopf und Lauscher heftig schüttelnd, nach rechts hin in die Richtung, in die vorhin das Alttier gezogen war, davon und verschwand sofort in der Wildnis dicht geschlossenen Jungwaldes.

Wenige Minuten später hatte ich mich auf den strategischen Punkt hinaufgeschwungen und suchte, nachdem ich die nass gewordenen Linsen des Doppelglases hastig trocken gerieben hatte, in den Blößen, die jetzt nur noch hundert Meter von mir entfernt waren, nach dem begehrten „Weiten". Der Teissendorfer, der Vielgereiste und Vielerfahrene, hatte mit mir so etwas wie einen Signaldienst vereinbart, den er sich schon in der Jugend ausgeklügelt, und über den er sogar im „Deutschen Jäger" des alten Grashey eine ausführliche Abhandlung publiziert haben wollte. Als einziges Instrument diente ihm dabei sein großes blaues Schnupftuch. Würde er es an zwei Zipfeln ruhig vor sich hin halten, dann sollte das heißen: „Bock noch da"; würde er es an einem Zipfel in der hoch erhobenen Rechten halten, dann bedeutete dies „Bock noch da, hat aber etwas gemerkt"; und würde er es nach irgendeiner Richtung schwenken, dann sollte dies besagen „Bock nicht mehr da, in diese oder jene Richtung (in die eben das Tuch geschwenkt wurde) abgezogen oder abgesprungen". Beim Abspringen würde er heftig, beim Wegziehen sanft sein Mouchoir schwingen. Nachdem ich zunächst auf den Blößen, auf denen der Bock gestanden hatte, als ich meine Birsch antrat, nichts entdecken konnte, wandte ich also mein Glas dem fernab sitzenden Begleiter zu. Und siehe, er hielt sein Tüchlein an zwei Zipfeln ruhig vor sich hin. Also stand der Bock mir verdeckt, und es galt jetzt nur, geduldig zu warten.

Und da sah ich ihn auch schon, den „Weiten". Er hatte sich wieder hangauf gewendet und kam äsend hinter ein paar Buchenstauden hervor. Hundertzwanzig Gänge, weiter war er nicht mehr von mir entfernt. Und weil man sich angesichts alter Böcke auf kein langes Schauen einlassen darf, ging ich in Anschlag und suchte auf die breite Rückenlinie, dahin, wo die Kugel durchschlagend Leben fassen musste, fertig zu werden. In dem Augenblick, als ich schon glaubte, die rechte Stelle gefunden zu haben, flog plötzlich das Haupt des Bockes in die Höhe. Er äugte über seinen Ziemer zurück und zu mir her. Hatte er von mir etwas wahrgenommen oder von dem Gabler, der sich vermutlich noch in meiner Nähe aufhielt? So wie er jetzt stand, konnte ich unmöglich schießen. Sein Äser deckte fast alles, was ich von ihm frei gehabt hatte.

Jetzt ging ein Ruck durch seinen Hals. Er warf sich herum und fuhr wie der Satan in Richtung gegen mich her in den Jungwald hinein. Und dann sah ich halbrechts zwei Rehe dicht hintereinander eine winzige Lücke überfliegen und wusste, was geschehen war. Der Gabler hatte sich, ganz genauso wie vor zwei Jahren jener geringe Sechser im Schwarzenbachtal, dem Platzbock allzu sehr genähert und ward nun gejagt. Die Hoffnung auf Rückkehr des Starken war gering, denn ein alter Rehbock ist ein zäher, ein rissiger, ein böser, ein wirklich mordlustiger Verfolger.

Ich wandte das Glas wieder zum Teissendorfer hin. Er vollführte mit dem Sacktuch weit ausholende Schwünge auf und ab und hin und her. Nach einer Weile sah ich ihn plötzlich das Tuch hastig in den Ärmel stecken, das Birschglas heben und in ganz anderer Richtung irgendetwas anscheinend sehr Aufregendes beobachten. Ein paar Minuten regte sich nichts. Der Teissendorfer nahm das Glas immer noch nicht von den Augen. Und plötzlich erscholl gar nicht weit von ihm weg tiefzorniger Schrecklaut, erst von längeren, dann von immer kürzer werdenden Pausen unterbrochen und schließlich so heftig und in so wirrem, durch das Echo noch verstärktem Durcheinander, dass ich mich überhaupt nicht mehr auskannte.

Das Beste an der Jagd
ist nicht die Trophäe,
ist nicht einmal der Schuss.
Aber wozu davon reden.
Die es nicht wissen,
sind davon ohnedies
ausgeschlossen.

LUDWIG BENEDIKT
VON CRAMER-KLETT

49

Ich hatte anfangs angenommen, der starke Bock habe, eine Lücke im Jungwald überquerend, unsere Signalfahne eräugt und sei daraufhin schimpfend abgesprungen. Aber das Schrecken hatte sich mittlerweile immer näher auf den Teissendorfer zu bewegt und wollte, ohne sich örtlich viel zu verschieben, kein Ende nehmen.

Schließlich senkte der Teissendorfer sein Glas und machte mit der Linken ein paar schwer verständliche Bewegungen, die, weil der Bock offenbar in seiner nächsten Nähe stand, von sehr komischer Behutsamkeit waren. Ich verstand ihren Sinn nicht, stürmte aber auf alle Fälle den Weg zurück, den ich gekommen war, bis hinunter auf den Prügeldamm, und auf ihm birschte ich dann vorsichtig, aber so schnell wie möglich, gegen den Gefährten hin. Als ich endlich bei ihm anlangte, war das Schrecken verstummt, und ich wurde im zischenden Flüsterton über die sehr aufregenden, ja geradezu erschütternden Gründe des großen Lärmens aufgeklärt. Während nämlich der Forstverwalter durch sein kleines Doppelglas mit dem verwetzten Lederüberzug, den Kreuz- und Querfahrten des unseligen gehetzten Gabelbockes und des zorngeladenen

austeufelnden „Weiten" zu folgen bemüht war, hatte er das Aus-
treten eines dritten, sehr starken, düsterroten Rehes, welches
äsend von rechts her aus dem Hochholz in den hier beinah flach
auslaufenden Schlag gezogen kam, übersehen. Als er es endlich
entdeckte, konnte er's in dem teilweise mehr als rehhohen
Gras- und Kräuterwuchs anfänglich nicht ansprechen und sich
auch nicht lange damit aufhalten, denn die Jagd oben hatte
sich plötzlich talwärts gewendet und kam so hitzig auf ihn zu,
dass unter den trommelnden Läufen und furchenden Rümpfen
das Wasser aus dem nassen Gras empor sprühte. Jetzt eine
große Volte, jetzt ein Achter gegen das hohe Holz hin, und
da schnellte endlich das Haupt jenes dritten, bisher wenig
beachteten Rehes empor und mit ihm ein enggestelltes,
unbesprosstes aber wuchtiges Stangenpaar von unglaubhafter
Höhe. Nach sekundenkurzem Verhoffen rülpste ein tiefer
Schrecklaut aus dem Äser dieses Fabelwesens. Es war der
Bajonettbock, den der lang anhaltende Regen oder vielleicht
auch nur eine altersgrillige Laune heute Abend zu einem
ausgefallenen Bummel an diesen östlichsten Rand seines
Bereiches veranlasst hatte.

Als das raue Aufbellen die Lauscher des „Weiten" traf,
wusste er sofort, mit wem er's zu tun hatte. Aus voller Flucht
heraus bremste er ab, stand steif wie ein Sägebock, dem
verhassten Nachbarn auf sechzig Gänge gegenüber, indes der
Jüngling tief im Gras und dicht am Boden, aus weit offenem
Äser keuchend, zehn Schritt am Teissendorfer vorbei das Weite
suchen konnte. Und dann eben setzte aus zwei Hälsen jenes
sonderbare, zornschallende Schrecken ein, auf das ich oben
auf dem Köpferl mir keinen Reim hatte machen können.
Mit bös angelegten Lauschern, rollenden Lichtern, unausgesetzt
plätzend und fegend, gingen die beiden alten Böcke im Kreis
umeinander herum, näherten sich einander bis auf wenige
Schritte, jeder bemüht, dem andern die Breitseite abzugewin-
nen, setzten sich, rückwärts tretend, wieder voneinander ab und
wurden nicht müde, sich mit mürrischem Gerülpse gegenseitig
zu übertönen. Auf hundert, auf siebzig, ja zuletzt auf vierzig
Gänge hatte der Teissendorfer sie vor sich, und es wäre kein
Kunststück gewesen, mit flinkem Doppelschuss beide in das
tiefe Gras des Schlages zu betten.

Aber irgendetwas, vielleicht doch eine unvorsichtige
Bewegung, oder ein flatternder Lufthauch vom Forstverwalter

her, musste den einen oder den anderen der mehr erbosten als mutigen Kämpen schließlich zu Argwohn und Vernunft gebracht haben. Denn mit einem Mal drehte der Bajonettbock ab und zog, ohne sonderliche Eile und immerfort schimpfend, ins Altholz zurück. Der „Weite" folgte ihm, anfänglich, so wenigstens wollte es scheinen, noch händelsüchtig, wandte sich dann aber bergwärts und tauchte in der Dickung, durch die er den Gabler heruntergejagt hatte, wenige Sekunden, bevor ich, keuchend und voller Spannung auf eine Erklärung des rätselhaften Lärmens, beim Teissendorfer anlangte.

Als ich mir aus den aufgeregten Erläuterungen, die er mir tuschelnd, zähnefletschend und gesträubten Bartes entgegenschleuderte, nur halbwegs ein Bild gemacht hatte, brach ich das nächste Blatt von einem der uns umwuchernden Kräuter und sandte einen schrillen Angstruf zur Dickung hinauf.

Ein paar Sekunden war es still. Dann tönte so etwas wie ein griesgrämiges Aufbrummen, gefolgt von ein paar abgehackt hervorgestoßenen Schrecklauten aus dem Dickungshang. Und schon tief drinnen in den hohen Fichten zur Rechten grölte es verschwommen auf vom Bass des Bajonettbockes. Und abermals Angstruf und Antwort von beiden Seiten und noch einmal und wieder. Ein freudiger Jubel stieg in mir auf, denn die grämlich misstrauischen Brummler des „Weiten" kamen, zögernd zwar, aber unverkennbar auf uns zu. Da stand plötzlich, wir hatten beide von ihrem Kommen nichts bemerkt, zwanzig Gänge halblinks von uns, mit hochgerecktem Hals und straff gespitzten riesigen Lauschern eine semmelgelbe Geiß auf der Lichtung, eine Mutter ohne Zweifel, die um ihr hier irgendwo abgelegtes Kitz bangte. Kein Wunder, dass auch ihr die schmälenden Laute locker in der Drossel saßen, und – bei des wilden Jägers Großmutter! – sie war nicht auf den Äser gefallen! Mit krakeelerischem Geplärr begann sie uns in hohen Fluchten erst und dann im spanischen Schritt zu umkreisen, stampfte, kurz verhoffend, mit schlankem Lauf den Boden, und, als der Wind ihr endlich über unsere wahre Natur Gewissheit verschafft hatte, floh sie mit Tönen des fassungslosen Entsetzens der Dickung und dem inzwischen verstummten „Weiten" entgegen. Und dann huben auch die beiden Böcke wieder zu schrecken an und in der Ferne ein viertes, ein fünftes, ein sechstes Reh. Der Kniebusschlag, die Arzgruben, der Eiberg, alles hallte nur so von einander ihrer wachsamen Verbundenheit versichernden, rau

Jagen ist für solche,
die es nicht besser wissen,
nicht das Waidwerken allein.
Jagen ist vor allem
Stimmung, Jagen ist auch
landschaftliches Behagen.
Sonst könnte man
hingehen
und nackten Sport
betreiben.

FRIEDRICH VON GAGERN

rufenden Rehhälsen, indes vornächtliche Nebel sich sanft aus der Erde hoben und darüber hinweg die Leuchtkäfer auf hundertfach verschlungener Bahn ihren fahlgrünen Funkenreigen zu tanzen begannen.

Nach einem langen, auf nasslehmigem Hohlweg streckenweise recht beschwerlichen Heimmarsch landete ich so spät im Schloss, dass die Hüterin des Herdes und der treue Hans, obschon an des Jägers nächtliche Heimkehr gewöhnt, mich mit einiger Sorge erwarteten. Sie ließen mich's nicht entgelten; das einsame Nachtmahl war reichlich und mit Sorgfalt bestellt. Der Hans entsprach meiner Bitte und holte mir zum Abschluss eine halbe Flasche Champagner aus jenem kleinen Keller, der mir unter den zahlreichen verfügbaren Gewölben des weitläufigen Untergeschosses für meine privateste Sammlung zugewiesen worden war. Er stieß noch mit mir an, war aber müde und ging gleich darauf schlafen.

Ich blieb allein zurück im rötlichen Schein der Lampe wie unter einer Lichtglocke geborgen, zur Rechten, zur Linken, über mir, unter mir waren nur dunkle, schlafende Räume. Ich rauchte mein Kraut, warf ein paar Erdbeeren in den kristallnen Kelch und dachte nach. Würde es immer so sein im Leben, dass, wenn man sich mühsam an sein Ziel heran gewaidwerkt hatte, ein Lehmklumpen die Mündung verlegte, ein Gabelbock dazwischen sprang oder eine schmälende Altgeiß? Vor zwei Jahren im Schwarzenbachtal war's so gewesen und heute wieder. Es gab – das wusste ich damals schon – so etwas wie gesetzmäßige Zufälle, es gab Duplizitäten, es gab Pech, aber es gab doch auch Glück, Menschen, die immer wieder Glück hatten, auch solche Jäger. Vielleicht hatten sie's, weil sie es sich nicht erhofften, weil sie nicht heiß begehrten, sondern ohne bestimmten Anspruch und mit Ergebenheit ihren Weg gingen?

Und plötzlich kam etwas über mich: ein ganz neues, bisher nie gekanntes Gefühl, eine Gewissheit, die wie die Frostnacht im Frühling ernüchternd und lähmend war: „Ich habe kein Glück!" Voll zorniger Abwehr schüttelte ich den Kopf: Kein Glück, nur weil ein Wunsch, von vielen einer, nicht reifen will? Aber wenn ich es überdachte – es war schon so. Ich stand auf glücklichstem Platz, und irgendwelche Neidgeister schienen ihn mir zu missgönnen; sie bogen die früchteschweren Äste zurück, sie scheuchten die Schmetterlinge, sie schoben Gewölk vor die Sonne. Wenn ich ihres Hasses nicht ständig gewärtig

war, konnte ich verdursten, obwohl ich am Ufer der Quelle saß.
Oder waren es keine bösen Geister von außen her, saßen sie
in mir selber, war es Schuld? Ich musste lachen: Mehr konnte
man um Dianens willen ja eigentlich nicht tun, als sich den
Anblick der Talare, Baretts und im Rampenlicht funkelnden
Brillenfenster versagen. Nein, Schuld trug ich keine, weder
heute noch damals im Schwarzenbachtal! Ja, solange das si-
chere Zusammenspiel von Auge und Hand noch nicht erreicht,
die Binsenwahrheit mir nicht zu eigen geworden war, dass
bei richtig eingeschossener Waffe die Kugel da steckt, wohin das
Abkommen zeigt, solang stellten Starke und Stärkste, Reh,
Gams und Hirsch sich hin, und nichts sprang rettend zwischen
sie und mich, nur die Kugel fuhr immer an ihnen vorbei.

Aber das währte nicht lang. Dem half ich ab in einsichts-
voller Selbsterkenntnis und pflückte mir schließlich mit der
Kleinkaliberbüchse die Äpfel unversehrt vom Baum. Aber jetzt
wusste ich keinen Rat mehr. Ich stahl mir ohnedies mehr Zeit
für die Wälder, als mein Leben und seine Prägung es erlaubten.
Ganz ohne Glück lässt nichts Überwüchsiges sich erjagen.
Als Kind hatte ich sie doch verspürt, die Glückseligkeit plötzlich
erfüllter und für unerfüllbar gehaltener Träume; damals etwa,
als das weißmähnige Pony im nagelneuen Zaumzeug prustend
und schnuppernd unter dem hell erleuchteten Torbogen stand.
Nur als Kind? – Drei Maiglöckchen fand ich einmal an das
Steuerrad meines Wagens gebunden und einen Zettel, der den
Namen trug, zu dem mein heimlichster Traum sich nicht
aufzuschwingen gewagt hatte. Nur so schenkt sich die große
Erfüllung, man erobert sie nicht. So völlig unerwartet hätte doch
auch heute der Bajonettbock eine Viertelstunde früher in den
Schlag ziehen können, eh' ich den vergeblichen Weg um
den „Weiten" antrat, oder der „Weite" hätte sich um eine Minute
nur früher breit in eine der vielen Blößen zwischen den Jungfichten stellen können! Durfte ich diese heiße Sehnsucht nach
der großen, der einmaligen Beute im Herzen tragen, wenn
der Schöpfer und Herr alles Lebendigen sie niemals zu erfüllen
gedachte?

Warum war ich eigentlich traurig? Es war der erste Tag
heute, der erste Tag einer langen Woche im frühsommerlich
jauchzenden Grün der Bergwälder. Was wollte ein, was wollten
zwei, was zehn Misserfolge besagen! Ich durfte ohne Sorge
sein; es würde am Ende doch alles gut werden; es würden, ja es

mussten auch glückliche Zufälle und Duplizitäten kommen. Es gab schließlich eine Wahrscheinlichkeitsrechnung. Aber der kalte Hauch hatte mich schon getroffen, das erschrockene Ahnen, dass tiefste Sehnsucht auch unerfüllt bleiben kann.

Das Bleibende und Bejahenswerte und Starke ist nicht die Trennung, sondern die Vereinigung, das Erlebnis, die unverlierbare Erinnerung und, selbst wenn sie verblasst, der unbewusst in uns weiterwirkende Gewinn aus dem Erlebten.

LUDWIG BENEDIKT
VON CRAMER-KLETT

VISIONEN

FRIEDRICH
FREIHERR VON GAGERN

Heut ist's dessen nun auch schon dreiundvierzig Jahre; und doch seh ich's vor mir, als wäre es mir gestern erst begegnet.

„Es"? … Wer weiß, am Ende wirklich nur „Es".

Jenes selbe „Es", das nächtlich in unserem Hause und Herzen umgeht, durch verschlossene Türen eintritt, in versperrten Kammern rumort, auf einsamem Waldpfade neben uns herschleicht, im schauernden Mondnebel auf Kreuzwegen sitzt … Was wissen wir armen Genarrten?

Auf der so genannten „kleinen Pfarrwiese" mitten im Dren, so lauschig und einladend sie zwischen Hainbuchen, sicherste Wechsel und stillste Einstände gebettet, sah man nur selten ein Reh.

Schuld an diesem Zufall oder dieser Abneigung hatten vielleicht die Herren von Gräving, genannt Grimbart, die unweit im Schoße eines efeuumsponnenen Felskopfes vor Jahrzehnten oder gar Jahrhunderten schon ihre Hauptburg eingerichtet und vieltorig ausgebaut, und fast zu jeder Jahreszeit, Frühling auf Stich und Strich, Sommers auf Freite, Herbstabends beim Aufbruch nach Milchmais und Traubenzucker in der näheren Umgebung ihres Stammsitzes anzutreffen waren.

Schmalzmann und Sechszack aber, sooft auch auf poesievollen Bildern vereint, haben füreinander, dieser wenigstens für jenen, nicht allzu viel übrig. Gräving, genannt Grimbart, aus dem Hause derer von Grantig auf Zornburg, hasst als echter Höhlenpessimist im Grunde die ganze Welt mit ihrem Gewimmel und Klimbim und ihren ewigen Neuerungen, und dem Reh ist das grässliche Gekraspel des Dachses unheimlich und zuwider.

Es können natürlich auch andere Besonderheiten gewesen sein, die unsere holde kleine Pfarrwiese, die dryadische, nymphenumschwebte, geisterflüsternde, dauernd rehrein erhielten. Vielleicht das Fehlen gewisser Gräser, vielleicht ein gemiedenes Kraut mit seinem Ruch, vielleicht eine unterirdische Ader, ein Wasser-, ein Erz-, ein Kohlenstrang, vielleicht ein altes Grab mit seinem Verruf, eine Stätte mit ihrem Schauer und Bann, ein unsichtbarer unauslöschlicher Blutfleck … Was wissen wir?

Links, gleich in den wirrwüchsigen Einsturzgräben des Kozlak und anstoßend in den hohen Buchen des Brlog standen und zeigten sich immer mindestens zwei gute Böcke, quer über die vierzehn Quellschluchten des Macidol unterm Rücken des Dren und dem Idyll der Wiese führte ein todsicherer verkehrsreicher Wechsel nach einer uralten Lecke unter überhängendem Maßholder, drüben die Fratten des Pokuic und die dachsteil zur Koricka Rebra hinanstreichende „große Pfarrwiese" wimmelten gewöhnlich von roten Flecken, rechts drunten im Dämmer der Zapisanka gab es gewöhnlich irgendeinen Heimlichen, Sagenhaften, zumindest angenehmen Gerüchten gerne Geglaubten: Nur dieser liebliche, von Gott, Natur, Wirtschaft und Servitutenablösung wie eigens für das Wild und dessen Maler geschaffene Anger blieb leer, kein Fegestämmchen, kein Plätzbett, keine Schlagnarbe an seinen Säumen verriet häufigeren oder selbst nur gelegentlichen Besuch, keine geheimniśträchtige Kunde, geschweige denn je ein präziser Rapport meldete von einem zuständigen, auf Ellenlänge übertriebenen Kapitalen oder auch bloß bürgerlich bescheidenen Bock ... Es war schon so: Die anmutige und immer wieder anziehende „kleine Pfarrwiese" mit ihrem reizvollen Miniatur sozusagen horazischer

Landschaft – den bandusischen Quell, den sabinischen Wolf und manche unsterbliche Stimmung des Poeten hätte man hierher versetzen mögen – blieb gleichzeitig Herz, Mittelpunkt und unfruchtbare Stiefstelle des südlichen Reviers, sein, für Astronomen gesagt, „Kohlensack" ohne Sterne, ein Loch, ein blinder und toter Fleck.

„Einen auf die kleine Pfarrwiese ansetzen" war sprichwörtlich geworden für: jemand einen schönen Abend genießen, aber nicht zu Schusse kommen, jemand auf gut gewählter Aussichtsbank in platonischer Theorie schwelgen, nicht aber raue und süße Praxis kosten zu lassen. Und ich selbst, schon um des angenehm geschlossenen, bei aller Enge doch weiten und bedeutenden Bildes willen, Stunden versonnen, verraucht, verträumt – da, wenn einer käme … dort, wenn er austräte … über diesen Rücken, wenn er spreuknisternd unter den Buchen heranzöge – war jedes Mal der Narr: oder vielmehr nicht der Narr, sondern der überreich mit blanker Büchse und reinem Herzen Belohnte gewesen.

Aber die kleine Pfarrwiese lag, wie erwähnt, zumittest im Revier, auf dem Rücken des Dren, der die irrsälige Dolinenlandschaft des Selivec mit dem hohen Massiv der Rebra verbindet und die Gräben zur Save von den Schluchten zu ihrem Nebenbache Bregana trennt; und wenn ich, wie so oft, beim Bauern Heinbrinck vulgo Mutzel auf seiner Waldeinschicht in Stroh oder Heu kantoniert, um anderen Morgens bequemerer Nähe die Rebra und die hundert Gelegenheitlein des Pokuic anpacken zu können, musste ich, mal unverbesserlich hoffnungsvoll auf behutsamen Sohlen, mal in stillos unachtsamer Eile an der stets verlassenen Trift vorüber. So auch im Grauen der branddürrschwülen Frühe jenes, wenn ich nicht irre, ersten August; des einen lächerlichen Nebenumstandes jedenfalls entsinne ich mich ganz genau, wie ich eben, einen Brief von Löns in der Tasche, darüber nachgedacht, dass Freund Heinbrinck, der einschichtige Uskokenbauer mit dem unverkennbar niedersächsischen Namen, unfehlbar der Nachkomme eines zurückgebliebenen westfälischen Soldaten der napoleonischen Besetzungszeit sein müsse: – als mein Blick gewohnheitsmäßig über die Wiese hinstreifte und eine überraschende Wahrnehmung den ganzen Menschen anhielt. Dort am unteren Rande, fahl gegen das Dunkel des Waldes oder vielmehr das Dämmerdunkel im Walde, saß ein starkes Reh. Und dieses Reh war auf erste Sicht ein umschmeißend markerschütternder Bock, und auf zweite eine zwar minder aufregende, nichtsdestoweniger aber ganz kapitale, also wahrscheinlich steinalte und wirklich grundgelte Ricke von mächtiger Bockfigur; ins Menschliche übersetzt: mit Husarenschnurrbart, Kommandobass und sonst noch allerhand Meriten. Natürlich: Denn solche Böcke gibt es ja im Ernste nicht.

Wie doch der blöde Zufall einen äffen könnte: Ausgerechnet so hatte die alte Schachtel sich vor eine abgebrochene fahle Astgabel hingesetzt, dass diese, mit der Gabelung genau zwischen den Lusern, bei minderer Länge der Äste recht wohl ein Gehörn markieren und vortäuschen konnte. Das hatte Freund Samiel wieder einmal witzig und kunstvoll angelegt; nur dass er sich, bei sonst meisterlicher Regie, in den Maßen, sei es des Blendwerkes, sei es meiner Erfahrung und meines Temperamentes vergriffen. Nein, mein Lieber, auf den Schwindel fallen wir dir nicht herein. Man soll nichts übertreiben. Als Schlager ganz passabel für eine Provinzbühne und ein Publikum von fiebernden Anfängern: vor einem Parkett von kalten Kennern einfach unmöglich. Da geh du erst mal bei mir in die Schule und lerne schätzen. Uskoken in Ehren, sie sind meine Heimat, aber Sibirier, obendrein von solch ausgefallener Form, wachsen hier denn doch nicht.

Es war noch schummergrau, und die Ricke saß gegen den aufhellenden Osten unterm Waldschatten. Zu gutem Kugelschusse hätte es über die sechzig bis siebzig Schritte meinem damaligen Auge gelangt; zu genauerer Auflösung des Blendwerkes der Hölle langte es dem einfachen kleinen Feldstecher, Trieder waren jenerzeit noch Traum, nicht recht. War ja auch schließlich ziemlich egal, wie der Zacken des Näheren aussah. Aber vormerken und einprägen wollte ich mir die Tante für die Haselwochen im Frühherbst –: der Geißenabschuss begann damals vernünftigerweise, bei bedachtsamer Handhabung eben das Richtige, mit dem sechzehnten Neunten. Gerade hier herum, in den beerenreichen Schattengründen der Zapisanka vorzüglich, gab es immer einige Schwarzkehlige zu holen; vielleicht kam man da noch einmal zusammen, und für jetzt also guten Morgen.

Und da wurde die Alte mit einem Ruck hoch; und – und nahm das ganze ungeheuerliche Gestühl zwischen den Lauschern mit sich auf; und – und war der weitaus urigste Bock,

den ich jemals lebendig oder tot leibhaftig gesehen; und war, bevor ich mich noch aus der Erstarrung gelöst, mit einer dumpf dröhnenden Flucht im dämmernden Holze hinunter verschwunden.

Auf Nimmerwiedersehen. Nicht nur redensartlich, sondern sinnwahrhaftig; auf Nimmerwiedersehen.

So fleißig – was fleißig! … besessen! – ich diesen ganzen absinkenden Sommer und noch tief in den Herbst hinein dort herum geschlichen, gestanden, gehockt, gehorcht, gespürt, gegeistert, so viel ich über diesem Einmaligen sonst versäumt und vertan: Ich bekam ihn nie wieder zu Gesicht, geschweige vor die Büchse, ja nicht einmal ein kleinstes andeutendes Zeichen seiner gelegentlichen Anwesenheit ließ sich jemals entdecken. Er war und blieb der große „Nebelbock" meines Lebens.

Auch von der Jägerei wurde ein Ähnlicher nie gemeldet, auch in den folgenden Jahren nicht. Auch keiner meiner Brüder hat sich dieses Gewaltstück an die Wand gehängt. Etwa eine Woche nach jener Begegnung erlegte Revierjäger Skutnik drunten im Macidol einen sehr starken Bock, von dem mein Bruder meinte, es sei am Ende doch wohl derjenige, welcher.

Er war es nicht annähernd. Der Geschossene trug ein etwa sechsundzwanzig Zentimeter hohes, mageres, engständiges, langsprossiges und – seine besondere Note – „marschierendes", d. i. aus der Ebene zweiwinkelig verschobenes Gehörn. Die unvergleichliche Krone des Nebel-, Geister- und Visionsbockes aber kann ich, soviel davon gesehen und aufgenommen, noch heute beschreiben:

Die Stangen, hellgelbbraun von Farbe, wie mir schien, ragten um Spannenlänge über die Gehöre hinaus; sie waren also mindestens dreißig Zentimeter sehnenlang, ja vielleicht noch eine Kleinigkeit länger. Dabei klafterten sie vom Haupte aus in einem Winkel von – scheinbar – sechzig Graden steilgrad und schwunglos auseinander; die Auslage muss mithin auch mindestens fünfundzwanzig Zentimeter, wahrscheinlich aber mehr betragen haben. Von Perlung könnte ich nichts sagen, oder nur dies, dass sie, meinem Gefühle nach, eher spärlich gewesen; was mir dagegen deutlich haftet, das war erstens die Sperrigkeit des riesigen Gebildes und zweitens die kümmerliche Verreckung der Vordersprossen, bloßer Zackenstümpfe, gegen-

über mächtiger Entwicklung der ein- und abwärtshakenden
Hinterenden. Schöngestalt und strotzend ausgestaltet also war
diese Krone nicht – und dieses beides sind gerade die stärksten,
wuchtigsten Gehörne nur ganz selten – denn Wucht wächst
mit dem Alter, und mit dem Alter schwinden Schönheit und
Schmuck –; nichtsdestoweniger aber durchaus danach angetan,
mit ihrer Länge und imposanten, für den Gesamteindruck
entscheidenden Auslage allein schon sehr beachtliche Beute-
sammlungen zu überschatten und zu beherrschen. Ein schär-
feres Glas, eine schnelle, gläubige Reaktion auf die erste Sicht,
abgeschultertes und gespanntes Gewehr im letzten Augenblick:
und ich würde ein überragendes Stück in Tusche und Punkten
vorführen können. Aber – es ist vielleicht gut auch so.

Einige ganz alte und starke Böcke sind dann in den weiter
benachbarten Revierteilen von meiner Kugel gefallen. Die teils
fehlenden, teils kümmerlichen Vordersprossen kehrten bei zwei
besonders Engständigen, also gewiss der Identität Unverdäch-
tigen wieder; andrerseits erinnerten zwei besonders gute,
bei schmuckloser Wucht breit ausladender Kronen wohl in der

Form, nicht aber mit der ausnehmend kräftigen Sprossung – eine davon, die eines Zehners, zeichnet sich durch geradezu ungeheuerlich lange und schaufel- oder klingenbreite Gipfel- und Nackensprosse aus – an den wie aus dem Dunkel Heraufgetauchten und spurlos wieder Versunkenen. Manche, heut im Zeichen modisch übertreibender Aufraffungszucht gern gleich für unverbesserlich gehaltene Fehler werden ja – soweit sie nicht überhaupt einfach nur Altersmerkmale – vom Erbgut der Ricke überdeckt und korrigiert. So mögen jene braven Ausleger immerhin Nachkommen des Verschollenen gewesen sein.

Doch was wissen wir? Und wüssten wir wirklich jederzeit alles, Zauber und Schmelz, durch übermäßiges Forschen, Fragen, Sinnen, Trachten ohnehin schon schwer gefährdet, Stimmung und Ahnung und süße Ungewissheit, und damit das Köstlichste und Eigentlichste am ganzen Weidewerk wären dahin.

Merkwürdig noch dies: Von jener Begegnung an zeigte sich die „kleine Pfarrwiese" öfter und zuzeiten sogar überraschend regelmäßig mit Rehen belebt. Das konnte eine höchst einfache Ursache haben: Ich näherte mich dem wegen des dolomitgrusknirschenden Weges schwer zu bebirschenden Platze fortan mit ganz besonderer Andacht und Vorsicht. Aber es gibt auch sonst Beispiele wechselnder Neigungen des Wildes. Ein Gras, ein Kräutlein kann sich irgendwo ansiedeln und Getier herbeiziehen. Eine Ricke kann aus irgendwelchen Gründen in der Nähe einer sonst gemiedenen Örtlichkeit ihr Wochenbett aufschlagen müssen, sich dort einbürgern und den früher leeren Winkel mit standtreuem Nachwuchs bevölkern; welchen Fall ich schon zu Dutzend Malen beobachtet. Neuerdings ist behauptet worden, die Wechsel des Wildes folgten regelmäßig den unterirdischen Wasseradern; Wasseradern aber können, und zumal im Karst, hier versiegen, dort sich bilden und sozusagen organisieren. Was wissen wir?

Der Gang jenes taudampfenden Morgens galt dem schlesischen Bock, und zwar einem ganz bestimmten Bocke, mit lächerlich niedrigem, lächerlich weit ausgebogtem, aber unheimlich knuffdickem Gehörn; und unbegrenzt freie Büchse hatte ich je nach Gelüst, Gelegenheit und Bedünken auf jeden im Wald und Feldflur vorkommenden Hirsch.

Gras troff; Frühdunst wob; fern irgendwo in der brauenden Landschaft wetzten die Steine der Sachsengänger. In der

Seltsam, was Alles der nach Gottes Ebenbild Geschaffene für wichtig nimmt, für so wichtig, dass es seine Sinne und Süchte auf Tage und vielleicht auf ein ganzes Leben ausfüllt.

FRIEDRICH VON GAGERN

seichten Senke zwischen der Waldwand des Haslicht und der
Weite des Frauenfeldes weidwerkte ich leise und genießend
dahin. Es musste nicht durchaus geschossen sein. So bei drei-
unddreißig Böcken hatte ich schon so auf dieses Sommers
Strecke; ich war der, zumeist durchforstenden, Mordarbeit
nachgerade müd.

Zieles und Zweckes genug, sich so gemächlich in Tau und
perlender Stille zu ergehen, Rehe, sitzende, äsende, trollende,
treibende, wohin man sah. Dort der gute Jungsechser mit der
prahlenden Funkelkrone; dort der wohl bekannte Engständige,
dreißigmal schon spielerisch bezielt und fünfzigmal begnadigt;
dort der vermutlich vielversprechende hohe Gabler, dort auf
dem Schlage nah der Grenze der kaltgestellte Gastbock, dort
der jugendsaftstrotzend Knallrote, der es mit seinen knaben-
schmächtigen, weitschwüngigen Stangen zu allerhand Graden
bringen konnte. Aberdutzende von Karnickeln an den Waldrändern. Ungezählte Bockelmänner, groß und klein, kreuz und
quer. Und die ganze schlesische Stimmung der schwermütigen
Weite und brauenden Breite, der versponnenen Mystik und der
brauenden Grundtöne. Man müsste dieses Land, war es gleich
Fremde, lieben; selbst – ohne Büchse.

In der feuchten Senke lag und schwamm der Dunst zu
Nebel verdichtet; ein langer weißer See zwischen dämmernden
Traumufern. Dort hinunter gab es eine kleine schwarze Remise,
im Herbste geradezu zum Bersten geladen mit feuerbunten
Hahnen; einige fünfhundert Schritte dahinter buchteten einige
Leutäcker, wie man dort sagt, zu den Haslichthäusern gehörig,
gegen einen Pflanzkamp hin ins Holz, und dort herum stand
oder bummelte gewöhnlich mein vierunddreißigster Bock.
Doch wir hatten Zeit über Zeit; noch war die Sonne kaum erst
heroben; erst wenn sie sich mal richtig über die dicke Milch-
suppe hergemacht, kamen die besten und behagsamsten
Stunden, und diese sind unter viel Wildes nimmer lang oder
gar verloren. Das Schönste und Unersetzlichste am Ganzen ist
ja doch das genießerische Alleinsein mit der Landschaft
und ihrem Leben, mit seinen Hoffnungen und Vorgefühlen:
das Erlebnis der Stimmung.

Da, wie ich sehr langsam am moorigen Bachufer hinab
gegen jene kleine schwarze Remise zog, wurde auf eines starken
Büchsenschusses Entfernung etwas, ein unbekanntes Etwas,
dunkel und irgendwie rege im Dunst. Die Erkennungssicht

Dass wir Jäger dem Aberglauben huldigen, ist eine Tatsache, älter als das älteste Witzblatt. Und so gehört es sich und ist es in Ordnung; denn Jagd ohne irgendwelche romantischen Hintergründe, ohne Wolfsschlucht, Hexenbann, neckenden und narrenden Spuk wäre ein kaltes und schnödes Vergnügen.

FRIEDRICH VON GAGERN

reiche etwa hundert Schritte weit, jenes Schemen mochte also an hundertfünfzig Gänge fern stehen oder ziehen oder auch – gar nicht vorhanden sein. Denn man täuscht sich im Nebel über Entfernungen, über Größen, über Wirklichkeiten: wie im Nebel des Lebens über Freunde und Feinde, Werte und Welten. ... Aber jene Ballung dort war doch real ... oder doch nicht? ... ein Weidenstrunk? ... ein Haufen? Nein, ja doch: Sie wuchs heran, verdichtete, gestaltete, entwickelte sich: – was wird aus dem Nebel des bei aller zeitlichen Nähe dennoch undurchdringlichen nächstzukünftigen Augenblicks als Schicksal, als Versucher, als Vollstrecker, als Opfer, als Wunder dem allüberall immerdar an Leib und Seele gefährdeten Jäger entgegentreten?

Es war ein Wunder.

Ein Hirsch.

Nicht der lichte Zehner des Heiligen noch Unheiligen im Ardennenwalde. Sondern einer von geraden vierzehn Enden.

Und ihm auf dem Geäfter ein zweiter, von geraden zwölfen.

Einer besser als der andere.

Zwei Feisthirsche, die sich verspätet; oder irgendwo rege gemacht worden.

Wanderhirsche.

Und nun hielten die beiden wiegenden, schwer sattgemächlichen Trolles stichgerade zu auf mich, der ich, den zitternden hellscheckigen Hund am Knie, geborgen nur durch eine eilends, triebhaft und gewohnheitsmäßig zur Deckung genommene Erlengerte mit fünf oder sieben Blättern, sozusagen unbekleidet im Wiesengrunde stand ... hundert ... neunzig ... achtzig Schritte ...

Da begab sich das Wunder.

Einer der beiden Hirsche – warum zum Samiel hatte ich nicht die Mauserin mitgenommen! – einer der beiden Gekrönten zumindest war so gut wie tot. Sein Geweih lag schon in der steinernen Halle auf dem großen Rundtisch. Der Schädel war ihm schon beschrieben. Das Schild war ihm schon geschnitten.

Da begab sich das Wunder.

Die Sonne war höher gekommen. Licht war in den Nebel getreten. Die Hirsche hatten mit einem Mal Farbe angenommen. Rotgoldig, blass kupfergoldig, bronzegolden auch die Flammen tragenden Geweihe, entwuchsen sie dem goldflimmerdurchglommenen Dampf. Und um jeden, das war es:

Um jeden von ihnen, wie sie so, einer hinterm anderen gestaffelt, herantrollten, um jeden von ihnen schwebte, spielte, atmete, lief ein opalener Kranz und Kreis, ein irisschillernder Nimbus, ein zarter Glorienschein von siebenfarbener Verklärung.

Jetzt stutzten, jetzt sicherten, jetzt wendeten, jetzt standen sie. Standen breit, einer hinterm anderen, einer besser als der andere; auf siebzig, auf vielleicht nur sechzig Schritte. Und um jeden von ihnen wölbte sich, Mirakel und Mysterium, schirmend und befriedend der bannende Bogen von Hauch, Od, Fluid, unsichtbarem Lebenslicht, vom Sonnennebel in sein Spektrum aufgelöst … Hirsche in wallendem Weihrauch; Hirsche, durch einen Flor von Tränen gesehen …

Und mit tränendem Auge und in der Kirche schießt man nicht.

Jetzt setzten sie mit Senkung der Hinterhand zur Flucht an; jetzt schoben sie los, auf den Haslicht zu, und der Zauber war gebrochen, und das plötzlich wieder humortrockene Auge sah lachend die würdelosen Senkspitzbäuche schwanken und schwulken. … Ein Hirsch weniger auf dem Streckenholz, ein Geweih weniger auf der Schädelpyramide, und dafür die Gnade des schauenden Schauers und schauernden Schauens, des Erlebnisses, erlebten Abglanzes vom Wunder des Heiligen im Ardennenwalde; wen möchte solcher Tausch enttäuschen?

DER HAINBUCHENZWEIG

FRIEDRICH
FREIHERR VON GAGERN

Es war ganz seltsam. Am Kreuzwegrain auf der hohen Feldblöße saß eine Frau, die hatte ich noch nie wo gesehen, und doch
spürt' ich sogleich, wer sie war, nur konnt' ich's nicht sagen.
Nicht alt, nicht jung, nicht schön, nicht hässlich; hinterher
wusst' ich überhaupt kaum, wie sie ausgeschaut und angetan
gewesen, und als ich mich vom Waldrande her nach ihr
umwandte, war sie verschwunden.

Eine fahle Hitze braute, im Holz stockte unheimliche
Schwüle. Kein Strahl, der in die grüne Dämmerung spielte,
keine Sonnenflamme auf Stamm und Streu; schattenlos unter
müdem Dunstlicht brütete die Landschaft. Und etwas Fahles
und Schattenloses war auch irgendwie an der Frau gewesen.
Drückender Hochsommer, da sieht man Tagesgespenster. Spica,
die Roggenmuhme mit der blanken Sichel, geht um.

Aber der Hochsommerbock, den ich meinte, war kein
Mittagsgespenst. Der war aus Wildpret, mit sehnigen Läufen
und wohlgeformtem Hornknochen; er fegte und fährtete, schlug
und schreckte, und so musste es doch einmal mit ihm glücken.
Vielleicht bei Diese und Demse, da es weder im liegenden noch
im fallenden Tau, nicht im perlblassen Morgen und nicht im
kühl schattenden Abend, nicht im früh durchsonnten Weihrauch des Hochwaldes, noch zu schläfernder Unterstunde hatte
gelingen wollen. Die kurze knotige Krone mit dem blitzigen
Dreigezack, ein paar Mal im dumpf dröhnenden Absprung
durch Gerticht und Hochfarn gesichtet, geisterte in meinen
Wünschen.

Um ihretwillen hatte ich mir diesmal den alten „Jongleur", verlässlichen Steiger trotz seinen sechzehnendrei Faust
Ristmaßes, zum Bergritt satteln lassen.

Ganz selten nur machte ich mir's so bequem. Der
anderthalbstündige Anmarsch durchs waldschluchtrissige
Feldhügelgeländ, mit seinen kalten Trünken aus den tiefen
Felsenquellen, mit seinen Stationen der eratmenden Rückschau
und Rastzigarette, mit seinen Wahrzeichen, dem Einbaumsteg
über den Dolinabach, Klirr der karstigen Keltenstiege unter den
Genagelten, den beiden Pappeln des Weinguthofes Mladina
und der ungeheuren Edelkastanienruine am eisenschussroten,
dolomitgrusknirschenden Lehmweg, diese Reise mit ihren
Marken und Malen gehörte nun einmal zu Sommer und Bock,

Das Schönste und Unersetzlichste am Ganzen ist ja doch das genießerische Alleinsein mit der Landschaft und ihrem Leben, mit seinen Hoffnungen und Vorgefühlen: das Erlebnis der Stimmung.

FRIEDRICH VON GAGERN

Hoffnungen und Träumen, Ferien und Freuden. Seit frühester Jugend, da jedes dieser Bilder bedeutendes Geheimnis, tief hintergründiges Erlebnis gewesen.

Diesmal nun hatte ich mit dem Brauch gebrochen. Die Luft war zu lastend und glastend. Der brave alte Siebenbürger, ein trockenes, unerhört zähes Pferd, ausgemustert wegen unschönen Hirschhalses und seiner Neigung zum Dreischlag, sollte auch einmal wieder Höhenluft atmen und, im halboffenen Stadel des Jägerhauses, mit Farn erst tüchtig trockengerieben, würziges Waldheu raufen.

Und dann hatte ich jene Begegnung gehabt, und nun hielt ich bei mir Rat, wie ich bei dieser Totenschwüle dem Begehrten an die rote Decke kommen sollte.

Der Bock hatte zwei Austritte; jeweils, wie sich's gehört, den anderen.

Hockte ich im Hange der Suha Gratschenza gegenüber dem lang gestreckten Rücken mit der lückigen Stocktriebdickung, wo ich ihn einige drei Mal mehr vernommen als gesehen, dann zog er wahrscheinlich bei den drei überständigen Eichen in der obersten Schlagbucht des Tusti Dol zu Abend und Äsung; verschaute ich eine Vesper bis ins letzte Verlöschen von Korn und Karawanken dort im hohen Winkel bei lohnender und zerstreuender Zwanzig-Meilen-Fernsicht, dann war er gewiss, während ich über die quer ruhende Büchse weg den Umrissen des heiligen Kum und der Steiner Alpzacken, ihren Geschichten und Geheimnissen, Schicksalen und Schätzen nachträumte, der Jägersfrau drunten beim Schöpfquell im Schoße der Gratschenza oder dem alten Priem kauenden Roder Zuban oder sonst wem auf keine zwölf Schritt ganz vertraut über den Weg gezogen.

So wenigstens erzählten sie; und es wäre nicht schön und kein Waidwerk mehr, wäre nicht der Jäger manchmal und oft der Gefoppte.

Dazwischen lag hallenweit das Holz der Pistolitza, mit seinen hundertfünfzigjährigen münsterhohen Rotbuchen, seiner fußdicken Laubstreu auf abgründiger Dammerde und der unheimlichen schwarzen Donnereiche gerade in der Mitte des Allerheiligsten. In solch flaumwarmem Hochmastwald kriegte man nach alter Erfahrung schließlich jeden noch so heimlichen Bock. Nichts als ein Blick auf die selbst einem Halbblinden erkennbaren lauberddunklen Wechsel, Betten und Beschläge, zur Brunft auf Bahnen und Ringe im violbraunen Streupolster, und sitzlederne Geduld gehörten dazu. Gerade die Stärksten, die Preislichsten all der Jahrgänge waren von meinen, brüderlichen und älteren Kugeln immer an solchen Stätten gefallen: der Lebenshauptbock meines Bruders Hans drunten auf dem Hasenbühl, sein Zweitbester, ein „Schwerkapital-Rücksetzer" von vielleicht zehn Jahren, droben im Hochholzhorst der Rebra, der Stärkste meines Bruders Nikolaus unten im Kleinholz, mein eigener Sagenbock mit den vier Sprossstangen ebenhier bei der finsteren Göttereiche der Pistolitza; zu alten Nullerschrot-Zeiten anno percussionis hatte der Hochwald mit seinen todsicheren, nah ans harrende Rohr heranführenden Wechseln überhaupt die einzige Gelegenheit auf den Sommerbock für Großvaters Geburtstagstafel geboten …

Und nun wollte dieser kleine Unbekannte mit den kurzen schwarzstockenden Krummstangen – soviel ich davon in der Abflucht gesehen – durchaus nicht in die dunkle Gasse, durch die schon Berühmtere vor ihm in ihr Schicksal gezogen.

Die beiden alten festen Wechsel, der obere wie der untere, waren belaufen, befegt und beschlagen wie alle Jahre seit Revieres und neu begründeten Standes Gedenken; am oberen bei der Donnereiche hatte ich von fünf bis um neun und von drei bis um sieben gesessen und einen endlich daherziehenden Jungprahler laufen lassen; am unteren, noch unfehlbarern bei der Kohlstatt es ebenso stumpf-beharrlich versucht und den schließlich aus der Tiefe des Tusti Dol herübersteigenden leidlichen Sechser auf keine dreißig Schritt wegelagernd totgemeuchelt. Aber der mit seinem mageren Blassgestäng auf unverhältnismäßig starkem Wildpret war es nicht; der gehörte zum blonden, langen und schweren fahlhörnigen, der andere zum kurzgedrungenen tiefroten Schlag mit den prunkperligen, nussbeizgründigen, stämmigen Schmuckkronen. Was von diesem Unterschiede zu sagen und zu lernen, darüber dachte ich trotz manchen ahnenden Vergleichen noch nicht bis zu Ursache und Folgerung nach; auf jener glücklichen Unterstufe galt ganz gröblich das Beutestück, je rauer und zackiger und je mehr davon, desto besser – gerade dass man Spießer und Gabler grundsätzlich schonte und an einem spargligen sprossenschwachen Gehörn weniger Freude zu finden sich verwöhnt. Also, und um einen mehr von der begehrten knorrigen Klasse sollte es an diesem verwunschenen Tage werden.

Ich entschied mich für den Schattenwinkel überm Tusti Dol.
Im Holze war's nicht auszuhalten vor Stich und Stick. Aber auch
auf dem Schlage heraußen stand die Schwüle in Schwaden,
schnakte das Plaggeschwärm. Kein Atem, der sich regte, kein
Vogel, der sang, kein Licht, das schien; eine wasserblasse
Nordsonne in Graugesträhn versponnen, die großen Nordberge
jenseits webend verbraut, die Weite des Gurkfeldes in fahl-
düster Gedünst verbrütet; kaum dämmerten die Chausseezüge,
die weißen Kapellen, die Geniste der Dörfer.

   Der Weg führte über den Rücken durch den weiten
Säulensaal der Pistolitza. Unheimlich Halbdämmer lagerte
zwischen den pfeilernden Buchen; nicht Helle, nicht abendfried-
lich Eindunkeln; ein trübes, dabei doch drohend durchsichtiges

mattes Licht, ein hohles und banges Unterlicht, wie in jenem Walde, in dem Dante sich auf seines Lebensweges Mitte verirrt. Alles hing und harrte; der Schwarzspecht nur gellte einsam seinen Glühschrei. Finster in Grabesstille stand die Donareiche; von ihrem Schaft weg prellte sich der heilige Vogel, hoch hin über den Hang in den aschenen Abend hinaus klirrte sein Flugruf. Ein Volk, zu dessen patriarchalischen Urkönigen der Picus zählt, musste Augurn haben. Heute wären alle Zeichen am Himmel, Fall und Schall nach der Übelseite des Templum gezogen, die Hühner hätten nicht gefressen, die Eingeweide sich dräuend gebläht und verfärbt – und ich würde meinen Bock nicht schießen und vielleicht war jene Frau auf dem Kreuzwege keine andere als Hekate selbst gewesen …

Aber da war er, der Bock, und Beweise seines Daseins geben tat er. Hier am oberen Wechsel hin hatte er frisch gefegt und geplätzt. Vielleicht dass die Schwüle nach langem Dürrhitzbrand irgendein Geißenblut in Fluss gebracht; es sah ganz danach aus. Den reichlichen Zeichen quer im buchigen Hange folgend, kam ich in die Gratschenza hinaus, auf den dolomitgrusigen, tief ausgefahrenen Roteisenlehmweg des buchigen

Mittelrückens. Erschreckend seltsam stand das glanzlose Buchengrün rings gegen die erloschene Luft. Auch hier in die Südweiten hinab lagen Hügel und Gefild erstorben unter dunstiger Diese; wie im föhnisch ahnungsvollen Karfrühling manchmal vor einem langen lauen Regen, ohne den getröstlichen Psalmengesang der Amsel und die selige Unruh in Strauch und Streu, ohne das Auferstehungsgrün der Wiesen und Saaten und des Windröschenkrautes in die knospenden Gehölze hinein. Es düsterte. Auf goldfahler Strähnwolkenschräge jagten himmelhoch Graureiterheere in ein schwefliges Licht. Im ganzen Schlagkessel gegen die Draschitza hinauf kein einziges Stück; in der ganzen Wälderweite um den Rücken her kein Reh, kein Schwirr, kein Zirp. Jetzt noch ein und die andere Zigarette lang diese Stimmung bis auf den Grund erlebt – das ist überhaupt das beste bei der ganzen –

Da, keine vierzig Schritt schräg links unter mir im Staudicht ein Schnellen und Schwanken und Schnauben, ein Rotes setzt hervor und springt talab – die Geis … Ein zweites folgt, stutzt halb breit in hochgrasiger Buschlücke, der Bock … Schwarz und krumm stehen die stockigen Stangen über den

zurückgelegten Lauschern, das ist er … Und das Korn sitzt, und der Schuss bricht, erlösend fast in diese beklemmende Sterbstille; und der Bock geht ab, und ein Stockschuss sinkt anklagend langsam zur Seite … Dumpfe Fluchten, kein Schrecklaut, vielleicht doch?

Da erscheint der Bock gerade wieder im farnenen Schluchtgrund der Gratschenza; verhält und verhofft noch einmal drüben schrägab am Saume unterm Hochbuchenholz, gemeinhin das sicherste Zeichen ungetrübter Gesundheit. Noch einmal in geraffter Eile fasst das schier verdämmernde Korn; hundertzehn Schritt werdens sein, gerade zwischen die Blätter aufs Grat müsste es den Hinanstehenden treffen … Druck und Muck und hart-tauber Hahnschlag; der Bock mit einem roten Wischer dahin. Versager, zu allem übrigen. Nein, nicht wieder geladen gehabt; das auch noch.

Anschuss: Das hatte jetzt im Verdustern gar keinen Zweck. Hatte wohl überhaupt keinen Zweck; kerngesund war der Bock; immerhin besser als schlechtkrank. Gott ja: Hintreten konnte man ja mal. Wieso, dass die Kugeln doch allemal solch ein Unglücksholz finden? Mit Willen würde man's um hohen Preis, Leben und Tod, nicht ein unter ein Dutzend Mal treffen. Tücke des Objektes oder Liebe der Subjekte, der gegen den Menschen allverbrüderten Geschöpfe, der Natur? Und dass man diese Zauberzwiesel, Ruten und Reiser zwischen Büchs' und Beute, Lipp' und Kelchesrand niemals vorher wahrnimmt! Wie der Bock hier gestanden, da war dieser Krüppel von Weißbuchenschuss noch nicht da gewesen; rein vor dem aufflammenden Mündungsblitz musst' er schützend aufgeschnellt sein, das Blei zu beirren. Unsinn; das Jägerherzblut im Auge, und zwielichtig war's auch schon gewesen; und der Schwarzspecht mit seinem Abflug zur Rechten weg, und die fremde Frau auf dem Kreuzweg … Aber gerade die Hainbuche sollte ja zauberkräftig sein gegen allerhand böse Gewalten. Die Dämmerung fiel, am Ende lauerte noch irgend etwas auf dem Steig zum Jagdhause, Vampir oder Werwolf, eins der Gespenster dieser Landschaft –, diese versponnene Dumpfnis stimmte dazu. Ohne ernste Absicht nahm ich den vollends weggeknickten Hagezweig mit, spielerisch, mir selber zum Spott. Das war meine Strecke, und morgen wollt' es vielleicht anders.

Morgen! … Morgen ist alles.

Und dann saß ich wieder vor den lukenkleinen Quadratfenstern unterm Überfang des außen vermoosten, innen verkienten Strohdaches auf der guten alten durchgebogenen, von Generationen fettgesättigter Lederhosenböden bohnglatt gescheuerten Bank, wo so viele Hoffnungen geboren und begraben, Kriegsräte gehalten, Pläne und Entwürfe auf betrügerischem Grunde gebaut, Garne gesponnen und Gehörne betastet worden, roch das offene Feuer im schwarzen Küchenflur, sah den herausflakkernden Schein über Silberborke und Wurzelgestühl des Nussbaumes spielen, hörte „Jongleur" im offenen Stadel drüben gemütlich stampfen und nach dem Haber aus der Satteltasche sein Bergheu raufen, drehte den Hainbuchenzweig, meine stolze Beute, zwischen den Händen und dachte vielleicht an den, dem er wahrscheinlich das Leben gerettet, an den Bock, vielleicht an eine neue Büchse, mit der man immer treffen könnte, vielleicht an die fremde Frau auf dem Kreuzwegrain, vielleicht an eine andere auf einem anderen Kreuzweg, vielleicht auch ein wenig schon an die erbarmenswerte Lächerlichkeit alles Trachtens und Träumens, Wünschens und Wähnens, menschlichen im Allgemeinen und jägerischen im Besonderen …

Ein Bock, ein Rehbock, ein zartes, harmloses holdes Tier, sechzig Pfund, wenn's hoch kommt, schwer, von einem starken Esser binnen einer Woche verzehrt und im Strombette des Stoff-wechsels begraben, bewehrt mit zwei Hauthörnern, krauszackigen, manchmal etwas über spannhohen Stirnbeinauswüchsen – und darum macht man Wege, Worte und Werte: Wo es doch zum Beispiel der Sonne nur einzufallen braucht, sich vom Schöpfer die Wiedereinziehung des intramerkurischen Planeten vorschreiben zu lassen, um mit vermehrter Masse gleich Anziehung und ungeheuerem Wärmestoß alles irdische Leben grundstürzend zu wandeln, oder der gute stille Mond wurde fällig, für den Beobachter auf dem dunklen Trabanten in der Welt des Sirius gab es einen kurzen Aufblitz und einen Vermerk im Katalog, und Jäger und Bock, wenn selbst nur als Antipoden des Aufpralles aus dreihundertfünfzigtausend Kilometer Höhe, hatten aufgehört, in dieser ihrer irdischen Gestalt wenigstens, Narren und Opfer zu sein … Vielleicht war überhaupt etwas dergleichen schon im Wege, weil es gar so unheimlich bang gespannt, und auch der Revierjäger, der brave krätschweißbeinige Pajduch mit dem Mongolenbart und den

treublauen Schrägschlitzaugen, schien gestimmt, sich nach
Anhörung meines beschämlichen Falles in die ihm zugäng-
lichen Höhen meteorologischer Erwägungen zu erheben.

„Also morgen wird ein Regentag", erklärte er pessimis-
tisch zu meinen Wiedergutmachungsplänen – den Regentag
hatte er sich nicht ganz übel aus dem Donnerstag abgeleitet,
„Morgen nix Pock, morgen wird sein eine Regentag."

Dagegen konnte man nichts machen als abwarten und
sich schlafen legen. Aber noch hatte ich nicht mir's im Stübel
gemütlich gemacht, da scheuchte mich ein erschreckter Ruf zu
ferneren Beobachtungen: „Also, ich pitt, kommen 'S anschauen!"

Die Wipfel des nahen Lärchenholzes auf der Kuppe,
aller Lärchen und Fichten hinter der Hütte am Wege hinunter

standen in Flammen. In vieltausend kleinen blauen Spitzflammen. Ich hob die gespreizte Hand. Gleich brannte es geisterhaft blassbläulich, schweflig phosphorisch mit leisem Zischbraus über jeder Fingerspitze, und man konnte sich einbilden, den ziehenden Prickelstrom zu verspüren, Kraft des Stromes vom Strom aus glühenden Lebens ewiger Glut ... Der Jäger tat es mir nach mit gleicher Erscheinung. Seine Auswitterung war noch bocksaurer als gewöhnlich. „A kaj to pomen?" ... „Was bedeutet das?"

„Komm, wir wollen nach dem Pferde sehen." Der alte Jongleur saß friedlich und satt in der untergeschütteten Laubstreu; aber über jedem seiner Ohren schwebte glimmklein ein geheimnisvoll Blauflämmlein.

Ich hatte das schon mehrmals erlebt; am schönsten einst bei einem tief christnächtigen Wintergewitter, dem ein schwerer Schneefall gefolgt: Pferdeohren, Peitschenspitze, die Hutfeder, die aufgespannten Schirme der Mettengänger, Turm und Giebel und Firste der innen durchglommenen Dorfkirche, die ganze Weihenacht von Gott selbst mit aber vieltausend kosmischen Christkerzlein, luminibus de lumine, aufgeputzt ... Und wenn wir jetzt dem begegneten, den ich heut' Abend gefehlt, auch ihm bräche aus jedem seiner sechs Zacken solch ein Schein – dann hieße es: „Der Nebelbock oder der Teufel ..."

Eine plötzliche Windwoge mit brandendem Braus fuhr finster wühlend über die Wälder; stieg in Stößen zum sträubenden Sturm, erfüllte die Nacht mit Tobel und Tos, verlöschte die Elbenfeuer, rauschte hinweg, und das Dunkel hinter ihr fiel wie ausgeblasen schlaff in erstickte Stille zusammen; ein Schwall, ein Schrecken, ein Schauder, die wilde Jagd. Aber mit dem Einbruch war es in einem Sturz um vieles kühler geworden; eine andere Luft stand im Lande, es roch beißend nach Strom und Regen. Nun würde es in der engen Kammer auf dem strohsackenen Schragen unter der seit Gedenken herkömmlich schief hangenden, unverglast stabgerahmten Sauhatz von Rubens und Snyders besser auszuhalten sein. Ich las bei aufgeschmolzenem Kerzenstumpf noch ein paar Seiten aus dem Rucksackbuch – ich weiß noch, es war damals einer der südafrikanischen Romane von Rider Haggard, Jess oder Allan Quatremain – verdämmerte endlich, versank und vergaß.

Hatte einer der Kaplöwen Rider Haggards gegen den Wüstenboden gebrüllt, oder der ferne Donnerstier? ...

Wetterschein fackelte im Fenstergeviert, hinter den Lärchen;
nach einem ganzen gesammelten Vaterunser erst murrte dumpf
der Groll. Noch weit weg, um Gurkfeld, Landstraß; meinetwegen. Aber das, was mich abermals weckte, das war schon näher.
Drunten bei Cerina, dem alten Udkloster, oder bei Munkendorf,
im Sankt Veiter Wald, wo mochte es eingeschlagen haben?
Noch fiel kein Tropfen, kein Windhauch ging vor dem Gewitter.
Wieder schloss sich der Schlaf; doch das jetzt, das war kein Spaß
mehr! Der Himmel barst von der Kuppel bis zum Erdengrund.
Das war nicht weiter als in der Pistolitza drüben gewesen.
Den Blitz hatte ich gar nicht – schmelzblendend blauer Prassel-
flammensturz, und im Strahl der trockene Knatterkrach …
Wieder einer, keine Fünftelsekunde weit. Wieder einer. Wieder
einer. Kienbrand roch in den elementarischen Blitzdunst.
Wieder einer, gleich in den Nussbaum vorm Fenster, mocht'
man glauben. Wieder einer, Herrgott! Wieder einer, Sackerment!
Man saß mitten im schlagenden Feuer. Strahl auf Streich dicht
um die Hütte her, auf keine zwanzig Klafter in den grabenwärts
umgebenden Wald. Jetzt barst die angestochene Regenblase
in einem Schwall. Heiliger! Knallweiß stand die dicke Glutader
in einer silbernen Wand von Wasser, eine zopfdürre Lärche lohte
auf wie eine Fackel, selbst der funkelnde Flutfall schien bunt
vergast zu brennen. Herrschaft! … Reißender Glühkrach, und
sprühende Keile wirbelten in die Nacht. Das schwerste Gewitter,
das ich je – schon wieder einer! – in unseren Bergen –
und wieder ein Volltreffer, dass die schwimmende Hütte schier
versank …

    Der Jäger kam mit Licht über den Küchenflur. Durch
die offene Gegentür sah man die Frau auf den Knien vor der
geweihten Kerze.

    „Also, heut is' nicht eine Regenstag, heut is' die jüngste
Tag … Kaj pa bo sedaj, gehmer alle ganz cisto hin?" Ein roter
Feuersturz erfüllte die Stube, ein Schlag, furchtbarer als alle,
zerwuchtete das Gewölb der Welt, zerklirrte das Gebirg in
Schmetterscherben und Schutt … Und doch hatte man durch
den Untergang hindurch ein Aufwiehern vernommen; und jetzt,
karabums, karabums, durch den nachplatzenden Guss einen
halsbrecherischen Galopp den steinigen Schluchtweg hinunter.

    Das Pferd! … Als ob wir's einholen und aufhalten könn-
ten, sinnlos taperten wir hinaus und prallten am Vorhang der
Traufe zurück. Es schüttete aus Tonnen. Noch ein blendbetäu-

Die Jagd ist mir fast schon zum Vorwand geworden, zum Vorwand für das köstliche und letzte aller Güter, die Einsamkeit.

FRIEDRICH VON GAGERN

91

bender Schlag in die Gegend der alten Kohlstatt, hundert Schritt unterm Hause; dann verklang das Gewitter, wie alle unsere schwersten aus Nordwesten aufgestiegen, gegen Südosten hinab, und erstarb uns schließlich zu überstandener Vergangenheit und stummem Wettergeleucht.

Starker, doch ruhiger Regen blieb. Er lullte mich nach einigen weiteren Seiten aus dem Rider Haggard in zweiten Schlaf. –

Der Morgen schauderte und troff in Grau. An Birsch nicht zu denken. Still und kalt pickten ein paar Hühner im kurzen Gänserasen ums Haus; die meisten hockten gesträubt unterm tröpfelnden Überfang und auf dem Geräte im flammenwarmen Flur. Ein Blick durchs Fenster hatte mir zwei spiralig zerspellte

Der eine, dem es gegeben,
erlebt um einen Bock
eine Welt, der andere,
dem es versagt,
um eine Welt von Böcken
noch nicht
einen Gedanken ...

FRIEDRICH VON GAGERN

Lärchen am Waldrande gezeigt, kaum fünfundzwanzig Schritt weit giebelseits unter der Herrenkammer. Überall im Obstgarten bis vor Stadel und Stall lagen die Späne. Der Jäger war schon ausgegangen, das Pferd zu fährten und zu fahnden. Er würde wohl noch von anderen Spuren dieser Nacht zu berichten haben; und dann wollten wir auf der durchgebogenen Vorbank bei der Zigarette Kriegsrat über Wetter und Wild pflegen.

Wie ich aber jetzt trübselig behaglich beim selbst bereiteten Frühstück am viel verkerbten, mit historischen Runen und Bildwerken bedeckten Tische saß, da wusste ich plötzlich, dass es bei Regen oder Sonne noch an diesem Morgen pflichtige Arbeit geben würde.

Dort lag noch immer der müßig mitgenommene, achtlos hingeworfene, beinahe schon vergessene Hainbuchenbruch, nun zum erstenmal im Tageslicht; und wie ich jetzt von ungefähr drauf hinsehe, geweckt noch einmal schärfer zusehe, ungläubig und doch herzheiß schließlich genau prüfe: erkenne ich, dass es vielleicht wirklich ein von der Kugel selbst gepflückter Bruch.

An der Rinde, dicht oberhalb des Geschosseinschlages, klebt Haar, sommerbockrotes kurz geschnittenes Rehhaar, und das Dunkle, daran es klebt, das ist nichts anderes als Schweiß, mit einem hirsekorngroßen Klümpchen Leber.

Der Jäger kam. Vom Pferde nichts; es würde wohl heil heimgefunden haben. Drei Lärchen gleich hinterm Stadel, mehrere auf der nächsten Kuppe und einen alten reich tragenden Maronenbaum bei der Kohlstatt hatte es genommen, in eine der Mühlen an der unteren Bregana kalt geschlagen, im Gurkfeld, in Munkendorf, Mallnitz mehrfach schwer gezündet. Wir gingen.

Eine schwere Altgeiß stand nebelstill in der grauen Nässe; ganz nah drüberweg ließ sie uns gehen, die Kitze saßen wohl irgendwo unter Fach. Ein Bussard strich eulenträg am dampfenden Hochholz hin; ein unreifer Sechserling äste sich vertraut, wie übernächtigt und abgekühlt, im Schauder. Friedlich und fast schemenhaft lautlos ist an solchem Morgen alles Wild, erlöste Tierseelen ziehen traumhaft durch Triften der Seligen … Hier herum müsste es gewesen sein.

Dort winkte weisend der weißköpfige Hagbuchenschuss; da war es. Beim ersten Schritt vom traufüberhangenen Weg

Ich habe nie den Wert einer erjagten Beute bezweifelt. Alles,
was wir hienieden ersehnen, umwerben, umstreben, erarbeiten und
erkämpfen, ist vergänglich und wäre Torheit ohne den Weg,
den es uns führt. Was die Beute zum höheren Gewinn,
das Unzulängliche zum Ereignis macht, das sind diese Wege.

LUDWIG BENEDIKT VON CRAMER-KLETT

hinein in das Waldgras waren wir saugdurchtränkt bis an
den Bund. Da das splitterige Kugelzeichen, dort hinunter ins
Farnkraut hinter die Stockstauden war der Bock abgesprungen.
Da buchtete sich etwas wie ein Walgnest; und, weiß Gott, da
lag er ja, lang hingestürzt, dunkelrot und gedrungen, das oval
lang gezogene Todeswundmal mitten auf den Rippen blass
ausgewaschen von den strömenden Tränen der Nacht. Die
griffgierig gehobene Krone auf dem halsstarren Grauhaupt
krumm und knorrig, beinblank die Zinken, jede der strotzenden
Perlen glitzernd in nass schimmerndem Schmuckschliff ...
    Vielleicht auch ihm hatten im grabdumpfen Abend aus
den sechs Sprossen heraus die heiligen Totenlichter des ewig
allgegenwärtigen Lebens geleuchtet.

Es gibt keinen Tod. Es gibt nur einen Übergang. Und das ist ein Trost; wenn nicht für jeden Sterbenden, so doch für den – Mörder.

Eine schwimmende Wassersonne schimmerte bleich hinter Schwaden, gerade über Jäger und Wild lüftete sich ein erstes blasses Blau. Wir nahmen zurück den Umweg durchs Domholz der Pistolitza. Einsam hackte der Schwarzspecht; doch die Splitter und Spreißen weit im Kreis hatte er nicht mit seinem Schnabelkeil herausgehauen. Aus der Krone herunter in die Ästung der dunklen Donareiche klaffte graus ein späniger Spalt: In seinem Wetter hatte der Vater ein vierhundertjähriges Baumleben auf zu sich in den Strom der erneuernden Umgestaltung genommen, bevor es unheldischen Morschtodes oder unter Axt und Säge zu entwürdigenden Menschendiensten, zu sklavischen Bahnschwellen und getretenen Fußböden starb ... Belebend befreiender Tod überall.

Und dann lichtete sich der Himmel, aufgesogen Goldgewölk schmolz und verschwebte, heißbunt funkelnd erglitzerte die Sommerwelt, aus dem Ferndunst der wabernden Gurkfeldweite schlug die Grollwelle des ersten Schusses dröhndumpf in das Grugrurren der tausend Turtler, Rucken der Ringler und Hobeln der Hohltauben: und auf der hohen Feldblöße unterm Kreuzrain, wo gestern die schattenlose Fremdfrau gewesen, rauschte unterm Wetzstein und zischte in die Weizenähren der krumme Erntestahl.

Der Hainbuchenzweig ist längst durch Staub und Asche zu anderem Leben geworden. Man hätte ihn sich von jener Kraft, der da zu binden und zu lösen gegeben, in niedergeschlagenem Metall verewigen, vom Strom vererzen lassen können.

Aber auch so haftet er dankbar gehütet als unsichtbarer Bruch hinterm Schild der dunkelknorrigen Krummkrone, der Beute, zu der er trotz Grimm und Groll dem Stümper unverdient geholfen; an der Lehre, jeden, auch den unwahrscheinlichsten Anschuss gewissenhaft zu prüfen; an der Erfahrung, dass nicht jedes abspringende Wild das beschossene sein müsse: – und an dem Gedächtnisse jener Nacht, da nach altem Wissen vielleicht er dank seltsamer Fügung den Blitz vom Hause und das Zeichen der Wettergrete mit seinem heiligen Gegenzauber gebannt.

UM DIE VERLORENE

LUDWIG BENEDIKT
FREIHERR VON CRAMER-KLETT

„Viele Gewohnheiten sollst du haben, aber keine Gewohnheit …", sagt Goethe. Man kann sich durch liebgewordene, behagliche oder sogar schöne Gewohnheiten auch sein Waidmannsjahr bereichern.

In früheren Zeiten, jetzt habe ich es geändert, bezogen wir gleich zu Beginn der Hirschbrunft das Jagdhaus Winterstube. Zuweilen wurde es Abend, bis wir oben waren. Meist aber trachteten wir, uns am Vormittag schon aus dem Tal loszulösen, und dann gab es am Spätnachmittag so etwas wie einen ersten abendlichen Verhörbummel, und zwar regelmäßig zur Rieselau hinauf. Fünfzehn, wenn es hochkam zwanzig Gehminuten bei eher starker als sanfter Steigung waren es vom Jagdhaus bis dorthin. Gleich oberhalb des Winterstubenfelds tritt man in dunkle Fichtenhölzer ein und hat, wenn man sich nicht abseits des Viehtriebs hält, ein nasses, lehmiges, schlechtes Gehen bis zur Rieselau, einer kleinen, halb wieder zugewachsenen Alm, über deren Sattel so etwas wie ein alter, vergessener Passsteig zum Samerberg hinüberführt. Für den Jäger nun empfiehlt es sich, nicht auf freiem Almfeld bis zum Sattel aufzusteigen. Rechterhand grenzt ein hochschäftiges Altholz an die Rieselau. In ihm verläuft ein Steig, der genau an der höchsten Stelle, von der aus man die ganze kleine Alm und ein paar an sie anschließende Schläge gut übersieht, die Deckung des Waldes wieder verlässt. Auf diesem Steig waren meine Frau und ich einmal am ersten Abend unseres Winterstubenaufenthaltes langsam und leise, aber ohne beunruhigende Ziele und Pläne hinauf gebirscht. Als wir zum Waldrand kamen, spähten wir erst eine Weile auf den grünen Sattel unter uns hinaus und lauschten in die weit sich dehnenden Wälder hinüber. Damals war das gegen Westen anschließende Wald- und Felsgebiet noch in meiner Hand. Die Hirsche zogen sich dort in quelligen, suhlenreichen Jungwäldern gegen die Spätfeiste hin zu oft recht bedeutenden Rudeln zusammen, und so kam es, dass die Brunft von dorther sozusagen ihren Einzug in das Herz meiner Wälder hielt. Jetzt ist es nimmer so. Aber wozu hierbei verweilen, wenn man bessere Erinnerungen hat.

Also, wir standen Seite an Seite und lauschten. Die ziehenden Wolken des Vormittags hatten sich zum Hochnebel geschlossen. Unter zinnernem Himmel lagen in unheimlicher

Stille Wälder, Wände und Almen. Da und dort glomm erstes Herbstfeuer auf zwischen dem glanzlos gewordenen Grün der Baumkronen. Falbes Gras stand auf den Schlägen, und über die verhältnismäßig frischgrüne Almfläche der Rieselau waren die großen Sterne der Silberdisteln ausgestreut. Nur der erste, schwermütig aufstöhnende Hirschschrei fehlte. Er hätte hineingehört in diese Stunde.

Mitten auf der kleinen Almlichte stand damals noch ein baufälliger Stadel. Zu ihm wollten wir hinübergehen und uns, an seine Westwand gelehnt, auf ein paar Zigarettenlängen ansetzen. Für eine Strecke von etwa achtzig Metern mussten wir dabei die freie Alm überqueren, und während wir es taten, wurde es mit einem Mal auf ihrem jenseitigen Rand lebendig. Hundertfünfzig Gänge etwa von uns entfernt krachten laut morsches Geäst und dürre Rinde. Ein Kälberstuck, so wollte mir auf den ersten schnellen Blick hin scheinen, trollte, Kalb voraus, von uns weg über einen kleinen Schlag, verschwand in einem Verjüngungsschopf und musste gleich danach eine größere Schlagfläche queren. Meine Frau hatte ihr Glas schneller vor den Augen als ich. „Hirsch!", flüsterte sie.

Ich meinte zuerst, sie habe noch woanders Wild entdeckt, dann aber hatte ich selber die zwei Stücke im Glas, die am Rand der weiten Schlagfläche unschlüssig verhofften. Ja, bei allen grünen Teufeln, das war wirklich ein wahrer Kasten von einem Hirsch, und das vermeintliche Kalb vor ihm war ein starkes Schmaltier. Beide hatten kräftig gesuhlt und waren somit von fast gleicher graubrauner Farbe. Das vor allem hatte mich ge-täuscht. In fieberhafter Eile prüfte ich das schwarze Geweih: Es erschien verhältnismäßig klein über dem mächtigen grob-zottigen Vorschlag, der im schrägen Zurückäugen des Hirsches besonders imposant wirkte. Aber es war derbstangig, es war gut, und ... es hatte keine Kronen. Es sind fast immer alte Hirsche, die so früh in der Brunft und dabei meist noch stumm bei einzelnen Schmaltieren stehen. Jetzt setzte sich das Stück beunruhigt wieder in Bewegung. Ich ging ins Knie und in einen raschen Anschlag. Als auch der Hirsch zu weiterer Flucht anruckte, berührte ich den Abzug der damals punktgenau hin-schießenden Büchsflinte. Mit metallischem Klatschen fuhr der Schlagbolzen ins Leere. Ich hatte noch nicht geladen!

Wütend auf mich, holte ich es mit wenigen schnellen Griffen nach. Für solche Fälle steckt fast immer eine Ersatzpatro-

Hier zogen die Hirsche heute nacht. Gestern wechselten sie am Born vorbei, wo ich vorhin saß; wieder vergebens, wie so oft. Aber kein Ärger kommt in mir hoch; danke ich dem Hirsch doch so manchen goldenen Abend, danke ich ihm doch so manchen silbernen Morgen, Nächte voll Sterne und Tage voller Sonne, heimliche Stunden auf dem rostroten Hau und stille Gänge im graublauen Tannengedämmer, wenn die sinkende Sonne dem einschlafendem Walde goldene Träume gab.

HERMANN LÖNS

ne in der linken äußeren Brusttasche meiner Joppe (die anderen sind im Lederetui, und das ruht meist im Rucksack). Hatte aber nun das Schmalstück den Bolzenschlag vernommen, oder war ihm nur der Übermut seiner sechzehn Monate in die Läufe gefahren: Nachdem es gerade nochmals zu kurzem Verhoffen angehalten hatte, setzte es plötzlich in wilden, hohen Fluchten über Stock und Stein, dass es im Schlag splitterte und krachte, als wären zehn Holzleseweiber am Werk. Auch der Hirsch, der von uns anscheinend nur wenig bemerkt oder erkannt hatte, war nochmals stehen geblieben. Er stand nicht breit, aber die auf die letzte Rippe hingezielte Kugel musste ins Leben gehen.

Ich kam nicht mehr dazu, sie zu versenden. Etwas sehr Merkwürdiges ereignete sich. Es muss so gewesen sein, dass das Schmaltier mit seinen ersten wegtollenden Fluchten dem Zehner aus dem Sehkreis gekommen, vermutlich überriegelt war. Erst Jahre später habe ich mich in nachsinnender Stunde auch gefragt, ob dieser Hirsch am Ende zwar nicht blind, aber aus irgendwelchen, äußerlich nicht wahrnehmbaren Gründen am Erblinden gewesen sei. Wie dem auch war, die Vorstellung, das Stück könne ihm entwischen, fuhr nun auch ihm, und zwar leidenschaftlich schreckhaft, in die Läufe. Dabei spielte ihm aber der Lärm, den seine junge Freundin mutwillig verursachte, anscheinend den zweiten Schabernack. Während sie sich schon abwärts gewendet hatte, stürmte er steil bergauf. Der Zielstachel meines Büchsfernrohres folgte ihm verzweifelt, aber er zeigte mir nur noch die hellen Keulen unter den zurückgelegten schwankenden Geweihästen und war dann schnell aufwärts in eine Mulde hineingetaucht. Fast gleichzeitig verschwand das Schmaltier mit langen Fluchten über den letzten Almzipfel der Rieselau abwärts im Wald.

Ich hatte zunächst keinen inneren Raum, mir viele Gedanken über diese im stumpfen Winkel auseinander strebenden Fluchtwege zweier Liebender zu machen. Der Hirsch hatte eben die Richtung falsch verstanden, die zwei würden schon wieder zusammenfinden. Ich war tief unglücklich.

Was wäre das, wenn ich Schlafhaube meine Gedanken beisammen gehabt hätte, für ein Anfang gewesen! Schon dass wir beide allein zum Hirsch hätten hingehen und eine glückliche, nachdenkliche Stunde bei ihm hätten versitzen können, ohne Hast, ohne Gerede, ohne heraufziehende Dunkelheit und mit dem Blick weit ins Inntal hinaus! Und dieses ganze auf-

Nicht nur dem geschossenen, auch dem in seiner Natur bloß geschauten hohen Wilde gebührt eine kleine Frist der Sammlung und der Andacht. Denn es stammt aus dem Paradies und kommt von Gott.

FRIEDRICH VON GAGERN

regende und beglückende Erlebnis ohne andere Anstrengung für die Geliebte, außer der gewöhnlichen Waldwanderung von einer halben Stunde. Und das freudige Feiern am Abend und der kurze, mit des alten Sennen Einspannkuh leicht fahrbare Lieferweg! Vielleicht hätte der Matthias sich noch gleichen Abends mit den beiden, dem Herrn und der Kuh, zum Einholen auf den Weg gemacht! Und nicht zuletzt … dieser Hirsch! Ich kannte ihn nicht; er war im Wildpret einer der stärksten, die ich je hier gesehen hatte, hoch und kraftvoll und mähnig wie ein Pferd! Wahrscheinlich war er auch alt; jung, das stand fest, war er nimmer.

Ich gehe nicht gern mit geladenem Gewehr Seite an Seite mit meinem Begleiter. Das ist ein guter Grundsatz, und es ist nichts dagegen zu sagen. Aber wissen hätte ich's müssen im rechten Augenblick, dass die Läufe leer waren, dann hätte es immer noch gelangt, und er läge jetzt drüben, und meine Frau wäre dabei, mir ein schön gewachsenes Reis aus den Jungfichten zu brechen. Es dauert in solchen Fällen oft länger als einen Tag, bis ich mich mit mir selber und meinem Missgeschick versöhnt habe.

Aber um all das geht es mir nicht, wenn ich diese Geschichte heute nach vielen Jahren erzähle. Ich beging den Fehler, den mich erst die schlimmen Erfahrungen vieler Jahre allmählich vermeiden gelehrt haben: Ich lief hinter dem einmal Versäumten her.

Die Würde ist keineswegs das Maß aller Dinge. Über ihrer obersten Grenze erst beginnt das Leben sich mit vollen Ausdruckskräften zu verkünden. Wo seine Quellen in ur-sprünglicher Frische hervordrängen, endet ihr Bereich. Wer es vermöchte, über alle strömende Regung hinweg sich noch an die Würde zu klammern, müsste vermindern anstatt zu veredeln, verlieren anstatt zu vertiefen, sinken anstatt empor-getragen zu werden, flüchten anstatt zu bestehen.

Dennoch reichen die Grenzen unserer Verpflichtung an sie weiter, als wir es in der Zeit unseres Stürmens erkennen, vor allem ist es nicht irgendein Ermessen, sondern nur echtes Bezwungensein, das ihrem Walten Grenzen setzen darf.

Misserfolg, Versäumnis, Fehlschlag, Schuld sind jeglichem Leben und Streben, allem Suchen und Ersehen un-trennbar verbunden. Die uns daraus erwachsenden Missstände und Nachteile bedürfen, um sie zu überwinden und aus-zugleichen, der Würde mehr als manch' andere Lebenslage. Mir jedenfalls ist es stets leichter gefallen, mich mit Schlägen von außen her abzufinden, als mit selbstverschuldeten Nieder-lagen, und gar mit solchen geistiger und damit innerlicher Art.

Da ist es dann eine durchaus natürliche Regung, dem, was man nicht zu fassen wusste, was man unerkannt vorüber-ziehen, ungenützt entkommen ließ, nachzupreschen, auch wenn man sich der Aussichtslosigkeit des Beginnens uneinge-standen bewusst ist. Und wäre selbst solche Aussichtslosigkeit nicht oder doch nicht absolut gegeben, das Hinterherrennen birgt immer die Gefahr einer Vervielfachung des ersten Fehlers. Aus dem klar übersehbaren Verlust kann am Ende eine kaum noch lösbare Verstrickung werden.

Spät erst und beileibe nicht ohne retardierende Rückfälle habe ich mich dazu durchgekämpft, den Misserfolg damit zu entgiften, dass ich ihn als volle, zunächst nicht widerrufliche Gegebenheit anerkannte und mir neue Kräfte aus der Zuversicht holte, ihn, wenn die Stunde dafür gekommen wäre, mit anderer Tat auszugleichen.

Zu Zeiten meiner Kindheit lebte in Aschau ein uralter, weiß-
haariger Schmied, der Freimoservater. Er war einer der letzten
noch lebenden Nagelschmiede, deren es bis vor gut hundert
Jahren eine große Anzahl in unserem damals trotz Mühlen-
geklappers und hellen Hammerschlages noch stillen Tal
gegeben hat. Als sein Nachbar hatte sich der Baron Fiedler
vom Isarborn, ein Freund meiner Eltern, in Aschau angesiedelt.
Er war ehemaliger österreichischer Offizier, ein hochbegabter
Maler und ein bis ins Herz hinein kultivierter Mann. Der nun
kaufte dem alten Meister seine sicher aus dem 16. Jahrhundert
stammende Schmiede ab, beließ aber ihm und seiner gleichfalls
hochbetagten Frau ihr kleines Reich zu Nutzung und Gebrauch

Was hat der Schöpfer doch an diese Erde,
dieses winzige Stück Weltall,
für eine dem Menschenauge kaum noch
fassbare Pracht verschwendet!

LUDWIG BENEDIKT
VON CRAMER-KLETT

bis zu ihrem Tod. Er machte nur die Bedingung, dass er sich dazusetzen dürfe, wenn der Freimoser in der Schmiede arbeitete.

So habe ich den Baron Fiedler dort oft, auf einem alten Ambossblock sitzend, eine seiner eleganten englischen Meerschaumpfeifen rauchend, zuschauend und zeichnend angetroffen. Ich selber war so sechs, acht Jahre damals und besuchte den Freimoser gern in der Schmiede, denn es galt mir als Gipfel allen Glücks, unter des Meisters Anleitung Nägel schmieden zu dürfen. Es war merkwürdig, mit welch sonderbaren Gleichnissen, Bildern, Sprüchen und Geschichtchen der alte Mann mit den immer noch prachtvoll sehnigen, rußgeschwärzten Armen mir den rechten Griff und Arbeitsweg wies oder mich ihn selber finden ließ. Die dunklen Augen unter den weißen Brauenbüscheln leuchteten dabei immer wieder in erheiterter Güte auf. „Schaug, net nur des Harte, a des Schöne braucht sein'n Griff: Der Löffi geht net vo alloans as Mäu eina, muaßt'n scho hiführ'n!" – das war so einer seiner Sätze. Er starb aber bald, und dann war für mich das rußige Gewölbe seiner Schmiede für immer erkaltet. Sie steht übrigens längst nicht mehr.

Eine damals nur zart in meinem Herzen keimende und sich erst viel später langsam entfächernde und festigende Einsicht aber danke ich dem greisen Nagelschmied: dass nämlich Erkenntnis und Weisheit aus allem und an allem gewonnen werden und wachsen können. Philosophieprofessor, Dichter, Mönch, Bischof, Bergbauer, Bettler, Hans Sachs, Freimoservater und Waldläufer, für alle kann der Weg ihres Wirksamseins in die Erkenntnis führen. Das ist eines alternden, einst wilden Jägers heimlicher Trost.

Zurück zu den Hirschen! Ich hatte also, während wir einsilbig den Weg zum Jagdhaus wieder abwärts gingen, nur einen Gedanken: Wie dem Zehner nochmals begegnen? Dass man siebenunddreißigjährig noch mit solcher Unreife nach einem Trost suchen konnte! Es war doch nicht der Hirsch, um den es mir weh tat, sondern das an ihm versäumte Glück. Aber vielleicht ist es besser, sich darüber nicht klar zu sein und Genugtuung und Trost wenigstens zu erhoffen, auch wenn es sie nicht gibt.

Schon die nächste Vorfrühe fand mich auf dem Sattel. Von weit unten, von der Kräuterwiese her, hörte ich die ersten Hirschschreie. Eine sehr tiefe und sparsame Stimme war dabei. War er's? Jedenfalls musste ich dort nachsehen am Abend. Jetzt verbot der Abwärtswind jeden Birschversuch in diese Richtung. Meine sonst viel vernünftigere Frau wollte sich's gleichfalls nicht nehmen lassen, abends mit von der Partie zu sein.

Ich hatte meine Bedenken. Der Hinweg war nicht allzu schlimm. Vom Rieselausattel ging es ständig abwärts. Aber der Heimmarsch! Weg gab es eben keinen, sondern nur den Viehtrieb der almberechtigten Bauern, und auf ihm war dieser Tage schon ein Teil des buntbekränzten Almviehs zu Tal getrieben worden: ein steiler, grasiger Graben, Nässe, Lehm, und wo die schweren Kühe durchgetreten waren, lauerten ungezählte, wassergefüllte tiefe Löcher.

Die berggewandte Gattin kam sicher darüber weg, aber als wir gerade in einem Jungfichtensteilhang mit gutem Einblick in die jenseits des Grabens liegenden Lahner und Blößen, auf denen am Morgen irgendwo die Hirsche geschrien hatten und durchgewechselt sein mussten, sesshaft geworden waren, fing's aus dem grauen Himmel heraus heftig zu regnen an. Nach einer halben Stunde tapferen Ausharrens klang überdies auf einmal Almgeläut statt rauer Hirschdrossel an unser Ohr. Der Haschbichler-Bauer trieb als Nachzügler seine stolze Herde ab. Seinen Kindern hatte der Regen die Laune anscheinend nicht verdorben. Jodelnd und singend kamen sie des Wegs. Die frischen, rotbackigen Rundgesichter der Töchter – sie kamen, ohne uns zu bemerken, nur wenige Meter unterhalb an uns vorbei – machten einen dann auch Regen hier und Hirsche dort für eine Weile vergessen.

Wir ließen uns nicht sehen, obwohl der den bunten Zug beschließende Vater auf seinem vom Pferd gezogenen zweirädrigen Almkarren das Fässchen mit seinem weitberühmten Birnschnaps bei sich führte und uns nach gutem Brauch sicherlich ein paar Mal die „Stamperl" gefüllt haben würde.

Kaum war das letzte Aufleuchten der Kränze, Schwanken der scheckigen Kuhhinterteile und schiefe Holpern des Karrens zweihundert Schritt unterhalb um die Biegung des steinigen Wegs verschwunden, dröhnte auch schon der erste Hirschschrei aus den Heugräben herüber und mengte sich ins klingende Gejodel und Geläut'.

Der Hirsch, der schließlich drüben durch die Regenschleier einem vielköpfigen Kahlwildrudel folgte, war ein Zehner, aber er hatte rechts die Krone, war rotgrau, dunkelmähnig und nur mittelmäßig in der Figur, dabei aber keineswegs mehr jung.

Mein Gesuchter war's also nicht. Ich erwog trotzdem, ihn zu schießen, auf dass der mit eng umgebundenem Kopftuch geduldig an meiner Seite aushaltenden und aufgeregt durchs Glas schauenden Gefährtin der mühselig nasse Weg ein frohes Ergebnis brächte. Aber während ich schon an den Linsen des Zielfernrohrs wischte und die günstigste Stellung zum Schuss über gut zweihundert Meter erwog, brummte unten im Graben, etwa in der Mitte zwischen dem Zehner und uns, jener tiefe, mürrische Hals vom Morgen einmal mächtig auf. Der Zehner drüben wurde unruhig, gewann in raschem Troll seinem Rudel

Höret

Es gibt nichts Totes auf der Welt,
Hat alles sein' Verstand,
Es lebt das öde Felsenriff,
Es lebt der dürre Sand.

Lass deine Augen offen sein,
Geschlossen deinen Mund
Und wandle still, so werden dir
Geheime Dinge kund.

Dann weißt du, was der Rabe ruft
Und was die Eule singt,
Aus jedes Wesens Stimme dir
Ein lieber Gruß erklingt.

HERMANN LÖNS

die Flanke ab und trieb es wieder schräg aufwärts in den Hang. Dann stand er lange auf einem Fleck und röhrte in einer sonderbaren Mischung von Zorn und Unsicherheit immer wieder in den Graben hinein, als wollte er den Ankommenden dazu herausfordern, durch Antwort seinen Standort zu verraten.

Aber dieser Hirsch mit der auffallend tiefen Stimme schwieg sich aus.

Plötzlich blendete mich links im Graben, gut hundert Schritt bachaufwärts von der Stelle, auf der der Unsichtbare zuvor gemeldet haben musste, eine Bewegung zwischen den im hier feuchten Grund stockenden Erlen. Ein sehr starker Hirsch mit lehmfarbenem Rumpf war's, der sich dort durchschob. Ich brachte ihn gerade noch in die etwas beschlagenen Linsen des Glases, ehe er mürrisch zügig und völlig gleichgültig gegen die Kampfrufe des Zehners aufwärts, also vom Gegner weg, weiter zog und verschwand. Und dabei sah ich für eine Sekunde die derben Stangen mit ihren großen, leeren Gabeln und wusste – schon der ungewöhnlich wuchtige Bau hatte mein Herz einen Sprung tun lassen –, dass es mein Zehner war.

So schnell ich konnte, rutschte ich durch die nassen Fichtenbüsche auf den Weg hinunter und birschte nach. Aber ich sah nichts mehr vom Hirsch, obwohl der Grabenboden sich hundert Meter bergeinwärts erweiterte und der Einblick zwi-schen die dort wieder vorherrschenden Fichten freier war als im Erlengrund. Die ganze Dämmerstimmung, der schwere Tropfenfall im hohen Holz, die ziehenden dünnen Nebelschleier, das feuchtgraue Verlöschen des Tages waren ein wenig gespenstisch und ließen es glaubhaft erscheinen, dass dies kurze gleitende Auftauchen und Wiederverschwinden meines Hirsches nur ein Spuk gewesen sei. Aber da war jetzt wieder, wie das tiefe, rostige Knarren in den Angeln eines schweren Tores, dies sonderbare Brummen oben im Felshang, kaum hundertfünfzig Gänge von mir entfernt. Einmal nur, dann blieb es endgültig still. Kein Spuk der Zwielichtstunde also, der Zehner war vermutlich im Begriff, zurückzuziehen auf die Rieselau. Wir folgten ihm schließlich auf unserer Seite des Grabens. Für uns beide war's in der rasch sich verdichtenden Dunkelheit ein scheußliches Stück Weg, als wenn wir Schmierseife unter den Fußsohlen gehabt hätten.

Aber Ofen und Lampe ließen's uns dann bald vergessen, und ich war besseren Mutes, denn ich meinte eine Ahnung zu

verspüren, dass diesem Wiederbegegnen noch eines folgen würde.

In der Nacht war Nebel aufgekommen und hatte die Winterstubenwelt in dichte, reglose Schleier gehüllt. Sie schmiegten sich weißlich um den in seinen Träumen murmelnden Brunnen, als ich vor Tag lautlos aus der Haustür trat. Sie spannen um die fahlen Mauern, legten sich mit jedem Schritt immer trennender zwischen mich und die Fenster, hinter denen die geliebte Frau tief und sorglos schlief, und verwehrten mir, noch eh' ich die Obstbaumwiese aufwärts überquert hatte, den letzten Abschied nehmenden Blick aufs Haus.

Die bleigraue Nacht wandelte sich in träger Allmählichkeit zur weißen, während ich, an die Stadelwand gelehnt, auf der Rieselau saß. Außer dem spärlichen, sanften Tropfenfall von den Schindeln ins Gras war während der ersten Viertelstunde kein Laut zu vernehmen, dann auf einmal trenzte weit drüben in den Schlägen der Hirsch. Er war es unverkennbar. Auch dass er dann lange verschwieg, entsprach seiner Art.

Ich war schon wieder daran, in eine schläfrige Teilnahmslosigkeit zurückzugleiten, da ertönte abermals, jetzt kaum mehr als zweihundert Schritt entfernt, jenes dunkel knarrende Brummen. Und nun folgte für mich ein Erlebnis, das ich in dieser seltsamen Art noch nie gehabt hatte.

Rastlos wanderte die Stimme des Hirsches durch den Nebel. Er kam mir einmal so nahe, dass ich die Büchsflinte entsicherte. Aber er entfernte sich dann weit, immer weiter bis an die fünfhundert Meter in die Heugräben hinein und war mit einem Mal wieder auf der Alm vor mir, kreuzte auf ihr umher im Kreis, in Diagonalen, in langen Ellipsen. Das wiederholte sich mehrmals. Immer wieder sagte mir das raue Aufstöhnen seiner Stimme, dass er da war und an welchem Platz er sich befand. Zwei-, dreimal auch grollte er auf in einem vollen, zornig gequälten Schrei. Ich versuchte mehrmals, ihn mit der Muschel zu reizen, aber er kümmerte sich nicht darum, ja, ich hatte den Eindruck, dass er schweigsamer wurde, wenn ich ihn angerufen hatte.

Mir wurde dann allmählich klar, was mit diesem Hirsch los war. Er suchte nach dem jungen Stück, das ihm vorgestern hier verloren gegangen war. Er hatte schon in der letzten Nacht und gestern früh und diese Nacht wieder nur nach der einen

*Bei vielen steht der Jäger
im Geruch eines rauen,
süchtigen Mordmenschen;
vielen gilt er als verdächtiger Erbe
und Walter überwundener,
verhasster Vorrechte;
wenige wissen von seiner Seele
und seiner inneren Welt.*

FRIEDRICH VON GAGERN

Fährte gesucht. Wie war es möglich gewesen, dass er sie über- haupt verlieren konnte? Er hatte, das scheint mir sicher, das Schmaltier (es kann auch ein zweijähriges Stück gewesen sein), als es anfing brunftig zu werden, von irgendeinem größeren oder kleineren Rudel weggetrieben, hatte es einfach mit sich genommen an einen vom beginnenden Brunfttreiben wenig beunruhigten Platz, den er vielleicht selber nicht in- und auswendig kannte, denn wahrscheinlich war er zugewandert. Auch sein unschlüssiges Benehmen bei unserem Auftauchen vorgestern ließ mutmaßen, dass zumindest der Hirsch hier nicht zu Hause war. Älteres Wild kennt in der Nähe seiner Standorte die Pfade, auf denen das Menschenzweibein sich auf- und abbewegt, beobachtet sie und lässt sich (es gibt freilich Ausnahmen von dieser Regel) nicht so leicht überraschen. Wären wir auf unserem Antrittsbirschgang nicht störend auf- getaucht, wäre wohl alles naturgemäß abgelaufen, die eben erst behutsam eingeleitete Vereinigung hätte sich dann fort- gesteigert bis zur glutvollen Paarung.

So aber hatte das Schmalstück, dem dies alles erstmalig widerfuhr und zuteil werden sollte, das noch nicht umgewöhnt war vom Rudel, von der Obhut des Leittiers, von „der Mutter Künste", auf den mächtigen, hochgekrönten Gefährten und seine Gefolgschaft, die Gelegenheit ergriffen, durchzugehen. Wahrscheinlich (die Weiber sind in solchen Lagen oft listige Teufelinnen) war der Haken, den die Flüchtende scharf abwärts schlug, war ihre ganze überstürzte lärmende Eile sehr wohl berechnet gewesen.

Jedenfalls hatte der Hirsch Blickverbindung und Fährte und damit die Richtung verloren und konnte, weil wir noch eine ganze Weile auf der Alm geblieben, ja sogar noch ein Stück auf freiem Passweg weitergebirscht waren, zunächst nicht zurück- kehren. Wer weiß, was die Waldkobolde in der Folge noch alles mit Widergängen, sich kreuzenden Wechseln, abdrängenden Zwischenfällen dazugetan hatten, so dass der König seinen Liebling (was dieser selbst nicht gewollt hatte) endgültig verlor und nun gequält von Sehnsucht, von Eifersucht, von Einsamkeit nach ihm umherirrte und rief.

Es ist mein Ernst, wenn ich es so erkläre. Ich erzähle all diese Erlebnisse, um darzutun, wie ähnlich die Gefühle hoch entwickelter Tiere den unseren sind, wie sehr wir, wenn wir menschlich sein wollen, danach streben müssen, im Umgang

mit dem Tier seine Seele anzuerkennen. Es währte lange, bis der Hirsch sich beruhigte, bis er müde ward des rastlosen Auf-und-ab-Wanderns und Rufens und Klagens. Der über dem Nebel voll heraufgezogene Tag mag ihn mit milchweißer Blendung zu größerer Vorsicht, zum Verschweigen und zum Eintauchen in die feuchte Stille des Jungwaldes bewogen haben.

Auch als nichts mehr sich hören ließ, saß ich noch lange an der Wand meines Stadels, benommen und innerlich beschäftigt von dem Erlebnis, dessen Zauber durch den es begleitenden allmählichen Übergang von der Nacht zum Tag traumhaft gesteigert worden war. Nach einer Weile riss der Nebel kurz auseinander, aber ich sah, dass über ihm abermals nur träg ziehendes, nebliges Gewölk war. Ich dehnte schläfrig die Glieder. Sollte ich heim gehen? Drüben in den Lahnern des Lenderschachen äste ein starkes, freilich erst wenig verfärbtes Gams. Ich wollte mir's erst noch anschauen, auf die Gefahr hin, dass sich der Nebel, bis ich oben war, wieder geschlossen hätte.

Ein kurzer, steiler Weg war's, erst durch die triefende Dickung und dann schräg über steile Felsrinnen und bewaldete Wandeln weiter, bis der Alpenwald lichter und der Einblick in die großen oberen Lahner frei wurde. – Ich hatte soeben erst die Dickung hinter mich gebracht und stand schweißüberströmt verschnaufend da, als vor und über mir ein Hirsch meldete. Der Stimme nach war's nichts Gescheites, aber ansehen konnte ich ihn mir schließlich. Es war ein und derselbe Weg zu ihm und zum Gams hin. Ich kam gut und lautlos vorwärts. Das nasse Gras war rutschig, die weiche Erde aber hielt den Tritt. Ich sah den Hirsch sofort, als ich die oberen Lahner des Lenderschachen erreichte, die nur noch parkartig von einzelnen Gruppen alter und mächtiger Buchen und Tannen bestockt sind. Ein ungerader Achter war's mit sehr eng gestellten, ziemlich hohen Stangen. So etwa sein fünftes Geweih mochte er tragen. Ich schaute ihn mir, hundert Meter nur stand er von mir entfernt, gewissenhaft an; er wäre gut weggewesen, aber der Schachen war einer der Plätze im Revier, die man um geringerer Stücke willen nicht gern beunruhigt. Zudem ist es eine recht harte Sache, einen Hirsch halbwegs heil durch die steilen, felsigschroffen Gräben, die dicht oberhalb der Winterstube erst in sanfter, bachgluckern-der Mulde auslaufen, hinunterzuliefern. Noch während ich ihn im Glas hatte, schrie der Hirsch abermals, und da gab weit hinter ihm auf einmal eine andere Stimme Antwort.

Ich erkannte sie sofort. Mein Zehner hatte wahrscheinlich auf demselben Weg, den ich heraufgekommen war, den Schachen durchzogen und wollte im Richterkessel, dessen dicht verwachsener dunkler Forst jenseits der Lahner begann, seinen Tageseinstand nehmen. Den Achter schreckte die unerwartete, nicht allzu ferne und raue Erwiderung, er drehte zögernd erst das Haupt mit dem engen Geweih und dann den ganzen Rumpf in meine Richtung und stieg mit nach rückwärts gewendeten Lauschern schräg bergan in die Wände hinauf. Auch mir war der tiefe Brummer in die Knie gefahren. Vielleicht, ging es mir durch den Kopf, vielleicht war er hier, wo er sein Stück nimmer vermutete, eher zum Kämpfen aufgelegt, oder er hatte keine Ruhe gefunden dahinten und wollte nochmals zurückwechseln zu der Stätte seines Verlustes. Da stand ihm der andere im Weg und reizte seine Eifersucht: Am Ende wollte dieser junge sich gar dahin begeben, woher er selber soeben gekommen war, auf die hundertmal von ihm vergeblich durchirrten Plätze seines Vereinigtseins mit ihr, der Hochgewachsenen, der Wohlgebildeten, mit der anmutsvollen Kraft in jeder Bewegung, mit dem spröden, übermütigen Haupt und mit dem warmen, dem beseligenden Duft nach Weibsein und Jugend?

Ich musste den Achter, der oberhalb von mir durchstieg, sich erst ganz verziehen lassen, was er schnell tat, dann eilte ich quer über die schwach bewaldeten Lahner der Stelle zu, auf der er zuletzt geschrien hatte, seine Stimme, die anscheinend des Zehners Zorn zu reizen vermochte, nachzuahmen. Als ich auf halbem Weg eine bewaldete Felsrippe mit gutem Ausblick erreichte, überlegte ich, dass der Zehner, wenn ich ihm Zeit ließ, weiter von mir wegzuziehen, meinen Ruf vielleicht nicht mehr vernehmen würde. Deshalb schrie ich schon von dort aus, so zornmütig und laut wie möglich, in seine Richtung. Ein träger, dunkler Brummer gab nach einer Weile Antwort. Es kam mir fast so vor, als habe es diesmal ein wenig näher geklungen. Ich schrie sogleich wieder herausfordernd hinüber. Aber es blieb jetzt still. Der würde hier ebenso wenig zustehen wie unten, es war ihm nicht nach Kampf zumute. Sollte ich weiterreizen? Sollte ich versuchen, näher heranzukommen? Sollte ich's aufgeben?

Während ich noch überlegte, trat mit einem Mal jenseits des großen Lahners der Hirsch hoch erhobenen Hauptes aus den Fichten und äugte mürrisch herüber. Ich ging mit pochenden Pulsen sofort in Anschlag; er war fast zweihundert Meter entfernt und stand ganz spitz. Ich musste ihm, wenn ich's wagen und andererseits nicht riskieren wollte, dass er wieder umdrehte, die Kugel auf den Stich zielen. Aber der Hirsch setzte sich gegen mich her langsam in Bewegung, tauchte mehrmals in Mulden und Gräben, so dass nur noch das schwankende, schwarze Geweih zu sehen war, tauchte wieder wuchtig aus ihnen hervor und kam mit einem ganz merkwürdigen, gleichmäßig langsamen Schreiten, als würde er von einem unsichtbaren Band gezogen, immer näher auf mich zu. Ich hätte, obwohl er nicht eine Sekunde verhielt, ein paar Mal schießen können, tat es aber nicht. Es fällt schwer, genau zu erklären, warum. Die Empfindungen, die sich in mir regten, lassen sich nicht bis ins Kleinste auseinander falten. Der Wind schien günstig; ich wollte sehen, wie nah' er herankommen würde. Aber es war überdies, als ob irgend etwas mir die jägerische Regung, die sonst so heiß begehrende, lähmte und mich zurückhielt. Die Stunde seines Suchens und Rufens da unten in Zwielicht und Nebel hatte ihn, ohne, dass ich es recht gemerkt hatte, meinem Herzen nah gebracht. Zu einem verwandten, gleichgestellten Wesen war er mir durch seinen

Kummer geworden und durch einen mich erfüllenden unsinnigen, aber starken Wunsch, ihm zu helfen. Es war, wenn ich es in der Stunde auch nicht klar wusste, Liebe zu einem brüderlichen Geschöpf, die die Beutelust überwog. Zum ersten Mal in meinem wilden Jägerleben lehnte sich etwas, etwas durchaus nicht Verstandesgemäßes, in mir gegen das Töten auf. – Fünfzig Schritt noch, jetzt nur noch vierzig, er äugte mir – prachtvolles, tief in die Erinnerung sich brennendes Bild! – mit seinen großen dunkel drohenden Lichtern genau ins Gesicht. Der breite Äser war wie im Schmerz fest geschlossen, nur die edel geschweiften Nüstern standen offen, weit und sehnsuchtsvoll. Dreißig Schritt. Und jetzt verhoffte er. Wie ein aus Wald und Nebel herausgeborenes Fabelwesen stand er riesengroß schräg vor und etwas oberhalb vor mir.

Da riss es mich aus meiner Verzauberung; der in die Tiefe gesunkene Wunsch nach Beute drängte jäh herauf. Ich musste nur noch die Arme ein wenig heben und den Kopf zum Kolben senken. Würde er es aushalten? Ich hatte nach rechts keine Deckung mehr. Unverändert äugte er mich an, und auch auf den lauten, fremd in die Nebelstille hallenden Schuss hin zeichnete er kaum. Es war nur, als hätte ihn eine unsichtbare Kraft vorn ein wenig hochgehoben. Dann zog er langsam in der alten Richtung weiter. Ich sah jetzt das rote Mal dicht hinter dem Blatt und einen almrauschroten Streifen sich schnell über die nasse Decke abwärts ziehen und verbreitern.

Auf zehn Schritt zog der Hirsch so an mir vorbei. Die Lichter waren jetzt nicht mehr drohend; wie überschleiert sahen sie aus, mehr noch: als habe schon eine andere Welt von ihnen Besitz ergriffen. Riesig erschien er mir, nie hatte ich so ein mächtiges Haupt und einen so vollmähnig breiten Vorschlag gesehen.

In majestätischer Auslage schwankte das nass glänzende, derbe, fast schwarze Geweih. In dem Graben, den ich soeben herwärts eilig durchstiegen hatte, stand er jetzt ruhig in meinem Rücken, aber auf gleicher Höhe mit mir. War seine Sehnsucht, war diese wundersame Treue stärker als der Tod? Ich nahm mich zusammen und lud mit nicht recht gehorchenden Fingern den Kugellauf der Büchsflinte nach. Ich entsinne mich noch, dass ich kurz und heftig den Kopf schüttelte, als wolle ich aus einem Traum erwachen. Nein, nein, das gab es nicht, dass eine ins Leben gegangene Kugel wirkungslos blieb! Eine Sekunde

später knickte der Hirsch erst in den Hinterläufen ein und stürzte gleich darauf mit hartem Aufschlag zusammen. Er rutschte nur wenige Meter bergab. Ein kleiner, flacher Boden in der steilen Rinne hielt ihn auf. Dort lag er wie schlafend. Ich meinte die Flanke sich noch bewegen zu sehen, ging schussfertig ganz leise heran. Das große, weit offene Licht vibrierte noch schwach im Verlöschen. Ein breiter leuchtend roter Schwall war ihm aus dem halb offenen Äser getreten. Ich hatte meinen Bruder, den Hirsch, getötet …

Es bleibt noch zu berichten, dass dieser Hirsch der mit Abstand schwerste war, den ich bis dahin in unseren Bergen geschossen hatte. Er wog über zweihundertsiebzig Pfund und war auf der Höhe seines Lebens, etwa zehn oder zwölf Jahre alt. Weit mehr als den zehnten Teil seines Gewichtes machte, nachdem er zerwirkt war, allein der Vorschlag aus, der das Haupt und das starke, ehrliche Geweih stolz und kraftvoll getragen hatte. Er war dem noch kaum angedeuteten Brunftfleck und seinem Gesamtzustand nach soeben erst in die Brunft getreten und hatte vermutlich noch kein Stück beschlagen.

Um der Freude willen?
Was ist, erstens, schon Freude,
und was kann es schon für
Freude bereiten, ein sanftes seliges
Dasein aus dem Hinterhalt
auszulöschen? … Trophäe? …
Trophäe gleich Siegesbeute,
aber was ist überhaupt hier Sieg,
was heißt Beute, und hat man
nicht schon ganze Wände
voll solcher Dinger hängen?

FRIEDRICH VON GAGERN

HEIMWEG

LUDWIG BENEDIKT
FREIHERR VON CRAMER-KLETT

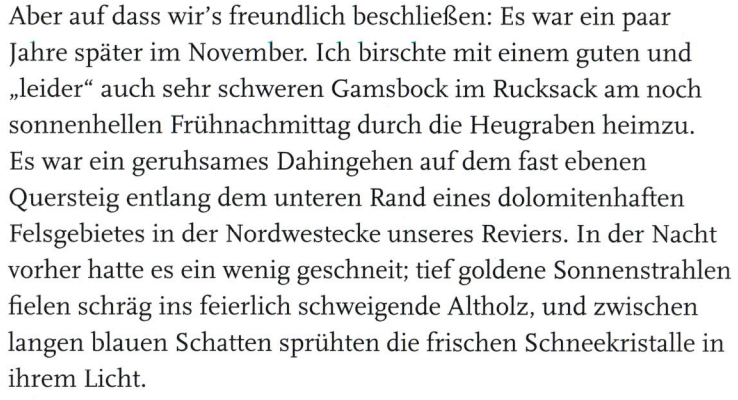

Aber auf dass wir's freundlich beschließen: Es war ein paar Jahre später im November. Ich birschte mit einem guten und „leider" auch sehr schweren Gamsbock im Rucksack am noch sonnenhellen Frühnachmittag durch die Heugraben heimzu. Es war ein geruhsames Dahingehen auf dem fast ebenen Quersteig entlang dem unteren Rand eines dolomitenhaften Felsgebietes in der Nordwestecke unseres Reviers. In der Nacht vorher hatte es ein wenig geschneit; tief goldene Sonnenstrahlen fielen schräg ins feierlich schweigende Altholz, und zwischen langen blauen Schatten sprühten die frischen Schneekristalle in ihrem Licht.

Ohne Eile, dankbar und befriedet im Wünschen und Wähnen, setzte ich behutsam lautlos Schritt vor Schritt. So kam ich an eine Stelle, wo etwa fünfzig Meter unterhalb des Steigs ein halb mannshoher, großer Felsblock mitten im Altholz ruht. Hatte ich's im Herankommen übersehen, oder war wirklich erst jetzt mit einem Mal auf seinem breiten Rücken ein kupfer-feuerroter Fleck aufgeschienen!? Ich traute zuerst meinen Augen nicht recht: da saß ja ein Fuchs auf den Keulen und lugte, von mir weggewendet, talwärts!

Mit größter Vorsicht, auf dass ja kein Geräusch entstehe, ließ ich die Büchsflinte von der Schulter gleiten. Es war ziemlichweit für einen Schrotschuss. Aber so, wie ich die Leistung meines glatten Laufes kannte, musste es eigentlich langen. Im sorgfältig gezielten Schuss staubte unten der Schnee und der Stein, und mit einem jähen Satz verschwand der Fuchs in der Tiefe.

Esel!, beschimpfte ich mich ärgerlich und enttäuscht, indem ich blitzschnell das Schloss aufkippte und in fiebernder Eile die Kugelpatrone gegen eine mit Vollmantelgeschoss umtauschte. Esel, über fünfzig Schritt mit Schrot auf den Fuchs zu schießen, das ist ganz einfach zu weit! Der Gefehlte musste unten irgendwo zwischen den Stämmen wieder auftauchen, und ich war fest entschlossen, dann noch einen Kugelschuss dran zu wagen, und wenn schon, dann einen, der mir im Trefferfall den Balg nicht zerfetzte.

Es kam aber anders; der Fuchs schien die Detonation völlig misshört und irgend etwas ganz Bestimmtes, einen Gedanken, einen Plan, eine Beobachtung im sonst so schlauen

Schädel zu haben, denn fünf Sekunden später setzte er
mit einem weichen, fast spielerischen Sprung wieder auf sein
wuchtiges Felspostament hinauf. Wofür hatte er den ihn
umprasselnden Schrothagel eigentlich gehalten? Ich war
gerade mit dem Umladen fertig geworden und beim ersten
roten Aufblitzen schnell und lautlos ins Knie gegangen.
Der Gamsbock zog nach hinten und störte die ruhige Hand,
aber die Entfernung war gering. Ich konnte trotzdem den
Schuss sauber zielen, und – jetzt warf er den roten Reineke mit
haltlos fliegender Lunte vom Stein.

     Ein guter Tag bringt manchmal mehr als eine Freude.
Ich hatte großen Dusel gehabt und stieg vergnügt hinunter,
mir die Beute zu holen, die schöner und besser ergänzend als
jede andere zu einem schwarzen Bartbock passt. Hinter dem
Felsblock aber lagen verendet – zwei Füchse friedlich nebenein-
ander im Schnee.

MÜMMELMANN

HERMANN LÖNS

Sie zogen aus, bis an die Zähne bewaffnet, an die dreitausend, an die dreihundert, an die dreißig, schrecklich anzusehen in ihrem Kriegsschmucke.

Unten steckten sie in langen Stiefeln, oben in kühnen Hüten. Um ihre Unterleiber schlotterten oder strammten sich raue Jacken, deren Taschen reichlich mit Nikotinspargeln gespickt waren. An der Seite hing ein Ränzlein, strotzend von braunen, grünen, roten oder gelben Hülsen, enthaltend das scharfe Pulver, ferner eine Flasche, bergend das nicht minder scharfe Visierwasser, und diverse Pakete, worin die kurzgehackten sterblichen Überreste toter Schweine und Kühe waren. Vor dem Magen trugen sie Müffchen, um die Handgelenke gestrickte Stulpen und auf dem Rücken Donnerrohre aller Konstruktionen und jeglichen Kalibers.

Sie erfüllten das Bahnhofsvestibül mit lauten Stimmen, den Perron mit schallenden Tritten, drei Kupees mit Zigarrendampf und die Schaffner mit Grausen, denn jeder dritte zog ein erwachsenes Exemplar von canis familiaris hinter sich her und verlangte Platz dafür nächst sich.

Während der Fahrt nickten die einen, die abends vorher allzu lange beim geisteserfrischenden Männerskat und beim Seelen erhebenden Bitterbier gesessen hatten, noch etwas nach, die edlen, etwas gedunsenen Züge auf die Mündungen der Flinten stützend; andere hatten des Teufels Gebetsbuch in der Hand, schielten sich in die Karten und nahmen sich das mehr oder minder redlich erworbene Kleingeld ab. Die Dritten sprachen Latein.

Der Dicke mit den apoplektischen Kulpsaugen erzählte mit einer Stimme, die die Fensterscheiben zum Klirren brachte, er habe gestern auf achtzig Schritt einen Krummen geschossen, wie gerädert sei der im Dampf geblieben, alle Knochen gebrochen. Und dann zeigte er seine Flinte herum, alle guckten hinein und taten, als glaubten sie es, und jeder sah sein Gegenüber mit einem Blick an, der da sagte, dass er es durchaus nicht glaube.

Sie sprachen eine fremde Sprache, die kein vernünftiger Mensch verstand, redeten von Rammlern und Satzhasen, Schweiß und Wolle, Löffeln und Blumen, Läufen und Gescheide, Kesseln und Suchen, Stokeln und Strecke, meinten aber

Denn Jagd ist nicht Schuss. Ist nicht, so notwendig es sei, Hegen und Schonen; nicht, so unerlässlich beides, Dienst und Verzicht; nicht, so erfreulich und unterhaltend es ist, Schauen und enthaltsames Beobachten allein; nicht Spannung, nicht Spiel, nicht Übung, nicht Trieb noch Betrieb. Ist alles zusammen und mehr: ist erlösendes Aufgehen in der allheilenden Natur; ist völlige Hingabe aller Sinne an Stimmen und Stimmungen der Landschaft.

FRIEDRICH VON GAGERN

immer ganz was anderes. So fuhren sie dahin durch die weiße, morgendliche Winterlandschaft, auf die die aus dem Bett kriechende Sonne einen schwachen Rosenschimmer warf.

Dieser Rosenschimmer traf auch in der Feldmark von Knubbendorf die Nase eines alten Rammlers, der langsam und hochläufig über die Landstraße hinkte, Haanrich Mümmelmann genannt in seiner Sippe. Er machte einen Kegel, putzte sich ein Flöckchen Schnee aus dem Schnurrbart mit der rauen Bürste seines Vorderlaufes und überlegte, ob er noch nach der reichlich geästen Roggensaat etwas Rinde von jungen Apfelbäumen in den Gärten von Knubbendorf zu sich nehmen solle, oder ob es bekömmlicher sei, einige vorjährige Brommelbeerblätter zu genießen, denn er fühlte einen Druck im Magen.

Da teilte ihm derjenige Teil seines Körpers, mit dem er auf einem platt gefahrenen goldgelben Apfel saß, der nicht von den Hesperiden, sondern von dem edlen Rosse stammte, mit, dass ein Wagen sich näherte. Er drehte sich um, spitzte die schwarztimpigen Löffel und sagte sich dann in seinem lieben Gemüte, dass das weder die Post sei, die führe schneller, noch der Molkereiwagen, der führe langsamer, ein Marktwagen sei es auch nicht, der käme schon bei nachtschlafender Zeit. Item sei es etwas Ungewohntes, und das Ungewohnte sei stets unbekömmlich.

Er hoppelte bis an den Graben, setzte trotz seiner drei Läufe über die hohe Schneewehe und hoppelte den Patt entlang. Auf dem großen Schlehbusch saß der Neuntöter. Den fragte er, ob er nicht sähe, was da die Straße entlang komme, seine Augen hätten nachgelassen. Der Würger sagte ihm, dass es Jäger und Hunde wären und flog nach der Dieme, denn da hatte er eine Maus gesehen.

Mümmelmann kratzte sich bedenklich hinter den Löffeln und hoppelte weiter bis an den großen Stein, der da an der Sandkuhle lag. Dort klopfte er dreimal mit dem linken Hinterlauf. Er hatte nur den einen, den rechten fraßen nach der vorjährigen Treibjagd die Nebelkrähen. Auf sein Klopfen tauchten hinter einem dürren Kamillenbusch zwei sauber gekämmte Löffel auf. Sie gehörten Geesche Wittblaume.

„'n Dag, Geesche", knurrte Mümmelmann, „van Dage giff dat Drievjagd. Eck weit blot noch nich, wenn sei in Holte drieven oder inn'e Feldmark. Seih deck vör!" „Eck rücke to Holte, da kann'n seck lichter bargen", meinte Geesche.

„Adjüs, Haanrich", und damit hoppelte sie von dannen.

„Segg et de annern an", rief Mümmelmann ihr nach, und Geesche machte einen Kegel, spitzte die Löffel, nickte und hoppelte fort.

Mümmelmann traf bei Wege noch Trine Geelzahn und Jochen Pielsteert und sagte ihnen, dass sie gut täten, die Löffel steif zu halten. Und dann hoppelte er weiter bis nach einer ganz kahlen, hoch gelegenen Stelle. Dort lief er eilig hin und her, als habe er etwas verloren, schlug Haken auf Haken und schob sich dann in einen Pott, den er sich scharrte.

Eine Stunde mochte er in seinem Lager gelegen haben, da vernahm er ein Geräusch und machte einen Kegel. Da sah er Aadje Slappuhr eilig daherkommen, Aadje, dessen Löffel keinen Halt hatten, weil ihm im vorigen November die Schrote die Knorpel zerschlagen hatten.

„Junge," sagte Aadje und verpustete sich, „dat ward leege van Dage. De Driever drücket dat Holt dör und denn schall ekessel weern."

„Dübel," sagte Mümmelmann, „de vermuckten Schinners ward' von Dag to Dag heller. Na, will sehen, wat seck dohn lätt.

137

'djüs." Und damit rückte er sich wieder in seinem Pott zurecht, und Aadje lief weiter.

Noch eine Stunde lag Mümmelmann da und dachte nach, dass der Mensch doch das böseste Raubzeug sei, trotz Reinke Rotvoss und Griepto Heuhnerdeiw, dem Habicht, und dass es Zeit wäre, dass man dagegen etwas täte; da hörte er von weitem einen Ton, als klopfe da ein riesiger Rammler. Und der wiederholte sich, immer wieder.

Haanrich Mümmelmann machte sich hoch und äugte nach der Gegend hin, aber seine Lichter trugen so weit nicht. So rückte er wieder zusammen und wartete. Die Sonne brannte ihm warm auf den billigen Balg, der Wind hatte sich gelegt; das war alles gut und schön soweit, wenn nur die Jäger nicht gewesen wären. Na, sein Testament hatte der Olle schon lange gemacht, er war nun fast zehn Jahre alt, und ewig kann man nicht leben. So philosophierte er.

Auf einmal spielohrte er. Er hörte den Mordschrei der Nebelkrähe. Er machte sich ein ganz klein bisschen höher, und seine Seher wurden starr. Über das Feld kam ein Hase in ungleichen Sätzen, und über ihm strichen zwei große graue Krähen. Eine stieg immer und strich vorwärts, und die andere fuhr herab und stieß nach den Lichtern des armen Hasen, und Arr und Err ging es. Alle Augenblicke wurde der kranke Hase kürzer, dann fuhren beide Krähen auf ihn los. Und dann rappelte er sich wieder auf und machte ein paar Sätze, aber nach wenigen Sätzen wurde er wieder kürzer. Und vom Horizont kam ein schwarzer Punkt und noch einer und immer wieder einer, lauter Krähen, graue und schwarze, und wie eine Wolke von Blut und Tod zog es über den Kranken her. Und jetzt, Mümmelmann schauerte zusammen und legte die Löffel an, denn er wusste, was jetzt kam; jetzt kam der Graben, und das war das Ende. Und da scholl es auch zu ihm heran: „O weh, o weh, o weeäh, o weih mir", und dann war alles still, und nur die Galgenvögel, die sich zankten, hörte man.

Nach einem Weilchen vernahm der Alte wieder ein Gepolter und sah die Krähen abstieben. Er richtete sich ein bisschen hoch und sah einen großmächtigen Köter einen kranken Hasen hetzen. Schwer krank, das sah der Alte, war der andere nicht, aber doch so, dass der flüchtige Hund ihn bald zu Stande hetzen würde. Das war ein guter Kerl, Natz Klewersitter vom Uhlenbrink. Dem musste geholfen werden.

„Natz," knurrte Mümmelmann leise, „eck stah upp, sett di dahl!" Der kranke Waldhase nahm alle Kraft zusammen, fuhr in das warme Lager, und mit einem Hui, eine Schneewolke hinter sich werfend, fegte der alte Feldhase aus dem Pott, schlug ein halbes Dutzend Haken, dass der Hund ganz verbiestert wurde, sauste dann geradeaus, schlug wieder Haken, machte wieder Kegel, nahm wieder das Feld hinter sich, bis dem Hunde die Zunge aus dem Halse hing und er die Jagd aufgab. Mümmelmann äugte ihm nach, lachte, hoppelte bis zum nächsten Brink und rodete sich wieder ein. Seine alten Knochen brauchten Ruhe.

Lange dauerte es damit aber nicht, da vernahm er ein Dröhnen und Knirschen. Erst war es nördlich, dann westlich, dann südlich, dann auch im Osten. Er machte sich hoch und sah rundum lauter schwarze Pfähle. Und nach einer Weile ging es „Tara, Tarattata", und die Pfähle kamen auf ihn zu. Und dann hörte er es knallen, und er sah hier einen aus seiner Sippe über den Schnee rennen und da einen von den Wildhasen, und da stand einer auf dem Kopf, und hier rollte einer im Dampf. „Dübel," dachte der Alte, „eck sitte in'n Kessel!"

Die schwarzen Pfähle kamen näher. Überall stob der Schnee, prasselten die Schrote, flog der Dampf, knallten die Schüsse. Mümmelmann blieb in seinem Pott und überlegte. Rechts, nein, da ging es nicht, da knallten wenige Schüsse und immer einzeln, da standen gute Schützen. Links, da ging es bergab, das war auch schlecht. Aber geradeaus, da war ein Jäger, der schoss immer beinah beide Läufe – auf einmal, und sein Nachbar, der fuchtelte immer erst lange hin und her, ehe er drückte.

Die Schritte kamen näher. Dicht neben Mümmelmann schlug Kunrad Flinkfoot ein Rad, sprang noch einige Todessprünge und färbte den Schnee rot. Weiter rechts machte Dorette Quappbuk ihr Testament, nicht weit davon Lieschen Hopsinskrut. Aber zwischen dem langen Schnellschießer und dem kurzen Fuchtelmeier passierten eben Jochen Pielsteert und Fritze Pattlöper heil die Schützenlinie, und da richtete sich der alte Hase steif auf, hoppelte in gerader Linie voran, gerade auf die Lücke zwischen den beiden Schützen zu, ganz langsam, bis er fast in Schussnähe war, witschte dann nach links, schlug einen Haken nach rechts, einen nach links, einen nach rechts, sah noch eben, wie zwei Gewehrläufe in der Luft herumfuhren, wie Schwänze von Kühen, um die die Bremsen sind, und dann gab er her, was er in sich hatte, fuhr durch die Lücke, schlug sieben Haken, hörte einen Knall, einen Schrei, einen Fluch, nähte aus, bis er nichts mehr hörte, und dann machte er ein Männchen und äugte zurück.

Das Jagdhorn erklang. Die Schüsse hörten auf. Die Jäger liefen nach einem Fleck, hoben etwas auf und gingen nach dem Dorfe. Und es war doch erst Mittag. Als sie alle weg waren, hoppelte Mümmelmann nach dem Kessel. Da lag Schweiß, hier wenig, Hasenschweiß, und da viel, Menschenschweiß, und dem alten Hasen schwoll sein kleines Herz von befriedigter Rachsucht; nun wollte er gern sterben, er hatte sein Volk gerächt.

Nachts um zwölf Uhr, als der Vollmond klar am Himmel stand, kamen die Knubbendorfer Hasen auf dem Felde, wo der letzte Kessel gewesen war, zusammen. Mümmelmann rief sie alle der Reihe nach auf. Zweiundsechzig antworteten nicht, zwanzig waren entschuldigt, sie heilten ihre Wunden im Lager, sechzehn humpelten, sie waren leicht angekratzt. Und als sie alle zusammen waren, da hielt Natz Klewersitter eine Rede und sagte allen, wie Haanrich Mümmelmann ihm das Leben gerettet hatte, und alle zweihundert klopften dem guten Kameraden Beifall und rieben ihre Nase an seiner. Und dann machte Jochen Pielsteert ein Männchen und erzählte, dass der Alte vom großen Stein sie alle gerettet habe. Er, Jochen, habe gesehen, dass Mümmelmann durch seine Taktik den einen Jäger so dötsch gemacht habe, dass er seinen Nachbar schwer angeflickt habe. „Kommt mit, eck will ju dat wiesen!", so schloss er seine Rede.

Reinke Rotvoss, der oben an der Straße unter dem Winde herangeschnürt kam, blieb plötzlich stehen, und seine Nüstern schnupperten wohlig, denn die Witterung von zweihundert Hasen kitzelte sie. Aber dann setzte er sich plötzlich, denn eine wimmelnde, krimmelnde Masse kam über das mondliche Schneefeld, Hase bei Hase, und jetzt hielten sie an.

So etwas hatte Reinke noch nicht erlebt, und er hatte viel mitgemacht. Als aber die zweihundert Hasen anfingen, mit den Hinterläufen zu klopfen und gespenstisch im Kreise herum zu tanzen, da kriegte er es mit der Angst, er machte kehrt und gab Fersengeld, dass ihm die Standarte nur so flog. Als am anderen Tage der Jagdaufseher Nachsuche hielt, da fand er um den roten Fleck, wo der Assessor den Baurat laufkrank

schoss, einen Kreis, festgestampft wie eine Tenne. Und er sah, dass das die Hasen gemacht hatten, und er schüttelte den Kopf und machte ein ganz verstörtes Gesicht.

Das war die Stelle, wo vorige Nacht die Knubbendorfer Hasensippe Mümmelmann, den Heldenhasen, nach Hasenweise geehrt hatte.

Wir Jäger sind längst keine aus der Fülle Erntenden mehr, wie etwa unsere Großväter es noch waren. Die Not hat uns zu vorsichtigen Erhaltern gemacht, denen vor jedem erntenden Schuss eine ganze Litanei von Fragen, Bedingungen und Bedenklichkeiten steht. Dass wir manchmal, wenn die Jagdlust urkräftig durchbricht, diesen ganzen Krempel mit einem Fußtritt beiseite fliegen lassen und danach auch keine Reue empfinden, das ändert an den Grundtatsachen nicht viel. Wir müssen uns bald wieder besinnen und bescheiden.

LUDWIG BENEDIKT VON CRAMER-KLETT

141

AUF SAUEN

HERMANN LÖNS

Es ruft ein Horn im weißen Walde; hell klingt es durch die Stille. Fröhliches Hundegekläff schallt hinterdrein; ärgerliches Markolfgekreische antwortet ihm.

Eine halbe Stunde lang habe ich auf Hornruf und Meute-laut gelauert, dieweil ich den Goldhähnchen und Meisen zusah, die in dem Buschwerk umherturnten, und den Kreuzschnäbeln, die aus den Wipfeln der alten Samenfichten goldene Spreu auf den silbernen Schnee rieseln lassen, wenn sie die Zapfen zerklauben.

Nun aber vergesse ich die bunten Turner des Buschwerks und die roten Kletterer der Wipfel, hebe mich von dem Jagd-stocke, fasse den Zwilling fester und lasse meine Augen an dem räumigen Holze entlang gehen und über die breite weiße Bahn davor, über die die Stämme blaue Schatten werfen.

Nach rechts gehen meine Augen bis dahin, wo über einem forstgrünen Rocke ein rotes, weiß umrahmtes Männer-gesicht in der Sonne leuchtet, nach links, wo ein anderes, von blondem Barte eingefasstes Antlitz herüberscheint, die beide, wie mein Gesicht, ab und zu sich langsam bald nach rechts, bald nach links drehen. Zwischen dem Weißbarte und mir tritt ein Altreh auf die Bahn. Unschlüssig bleibt es stehen, sichert und wechselt dann eilig in das nächste Jagen hinein.

Heller klingt das Geläute der Finder zu mir heran, ver-schweigt, hebt wieder an, wird dumpfer und dumpfer, schwillt abermals an und vermischt sich mit dem hohlen Anjuchen des Rüdemannes und dem ärgerlichen Gezeter der Häher zu einer wilden Weise, die nach vergangenen Zeiten klingt und meiner Brust heiße Schauer schenkt. Eine Finkmeise schimpft vor mir lästerlich. Das ist verdächtig. Ich nehme den roten Adlerfarn unter Blick, die gelben Schmielen und den weißen Behang der Fichten und Fuhren, auf dem das Sonnenlicht in vielen Farben spielt. Lauter zetert die Meise, der Zaunkönig hilft ihr dabei, nun fällt auch eine Amsel ein. Ganz verstohlen bricht es im Gestrüpp; ein roter Fleck schiebt sich hinter den Stämmen her, und dann steht breit und blank der Fuchs da, windet hin und her, prallt zurück, überfällt zwischen mir und dem Förster zur Linken den Graben und flüchtet eilig in das rückwärtige Jagen hinein.

Aufs Erleben,
immer nur auf die Gnade
und auf den Geist
des Erlebens kommt es an.

FRIEDRICH VON GAGERN

145

Deutlich höre ich es jetzt über mir schallen: „Hu Su, Su! Wahr' too, min Hund, wahr' too! Hu Su, Su!" Giftiger wird das Geläute der hin und her suchenden Finder, lauter das Brechen. Ein Hase rennt mir bis vor die Stiefel, schlägt einen Haken und flieht über das Gestell. Hinter ihm her, seinen Wechsel scharf haltend, kommt ein Sprung Rehwild angezogen, eine Ricke mit ihren beiden Kitzen und ein Schmalreh. Sie treten eine Weile im Bestande hin und her und trollen dem Hasen nach. Ich blicke gewohnheitsmäßig hinter ihnen her, da gibt es mir einen Ruck. Deutlich höre ich vor mir das Blasen von Sauen. Es zieht an mir vorüber, nach rechts hin, und dann fahren in einer Wolke von Schnee dicht bei dem weißbärtigen Hegemeister zwei angehende Sauen über die Bahn. Zweimal knallt es. Das eine Stück bleibt im Feuer, das andere rollt im Schuss in den Schnee, nimmt sich wieder auf und flüchtet schwer krank weiter. Hinter ihm stürmt, heiser vor Wut, ein schwarzweißer Terrier.

Still wird es über mir; die Jagd geht zurück. Kein Anjuchen vernehme ich mehr, nur ab und zu noch den Anschlag eines Hundes, der an einer einzelnen Sau jagt. Die Meisen im Unterholz haben wieder das Wort und die Goldhähnchen in den Kronen. Fern fällt ein Schuss, und noch einer, und eine kleine Weile darauf ein dritter. Dann ruft das Horn; der erste Trieb ist beendigt. Ich entspanne und entlade der Vorschrift gemäß die Waffe wie meine Nachbarn auch. Vor dem Blondbart linker Hand fährt ein schwarzer Klumpen über die Bahn. Hastig arbeitet der Förster an seiner Büchse herum und wirft sie dann mit wütendem Rucke über die Schulter, denn über ihm auf der

Schneise taucht der Oberförster mit den beiden Forstläufern auf. Am Quergestell ist Jagdbericht. Ich melde: „Ein Fuchs, ein Has, vier Rehe." Mein Nachbar gibt an: „Ein Kälberstück mit Begleitung; eine ledige Bache nach Abblasen." Der Hegemeister berichtet: „Zwei angehende Sauen, eine im Feuer, eine schwer krank nach Jagen acht." Es wird mit dem Schweißhunde sofort nachgesucht. Nur siebzig Gänge ist die Sau gekommen und dann verendet. Die Hauptrotte hat sich im Jagen elf gesteckt. Dahin geht es nach kurzer Frühstückspause. Kreuzschnäbel fliegen mit lauten Locktönen über die Kronen, Zeisigschwärme brausen mit verworrenem Gezwitscher dahin, Häher begleiten uns schimpfend und lästernd. Der Oberförster weist mir meinen Stand vor einem alten vermoorten Windbruche an, auf dem hohe Stechpalmen, über und über rot von Beeren, silbern in der Sonne funkeln. Über mir steht wieder der weißbärtige Hegemeister, unter mir der blonde Revierförster. Eine geraume Zeit vergeht, während der ich den Seidenschwänzen zusehe und dem Tannenhäher nachblicke, der über die Blöße dahinschnurrt. Dann kündet das Horn den Beginn des neuen Triebes an, und die Hunde werden laut. Bald aber schweigen sie. Ich stehe da und lauere. Ein einsames Altreh zieht vertraut über das Gestell, ein Hase hoppelt über den Windbruch, drei Stück Rotwild, eben erkennbar, trollen im Bestande vorbei. Dann bricht es laut über mir, ich höre das Hecheln der Hunde, der Fox und ein Dobermann tauchen vor mir auf, sehen sich unschlüssig um und suchen gelangweilt weiter, und dann würgt sich ein Koppelführer, einen Sack über dem Kopfe tragend, aus der verschneiten Dickung, schüttelt den Schnee ab, sieht mich an und sagt: „Dor hett 'ne Ul seeten!"

Wieder bläst das Horn, abermals sammeln wir uns zum Bericht. Ein Kreiser kommt auf Schneeschuhen an: „Die Sauen sind in Jagen vier herein und nicht heraus." Das ist ein weiter Weg, und nass vor Schweiß von der Sonne und dem Waten im hohen Neuschnee kommen wir dort an. Einen raumen Stangenort mit eingesprengten Fichten habe ich vor mir, den eine schwarze Dickung abschließt. Das Horn schallt. Ein Weilchen darauf geht ein furchtbarer Lärm los. In hellen Fluchten kommt ein ganzes Rudel Wild angestürmt und bricht dicht bei mir über die Brandrute; hinter ihm her zieht vorsichtig ein guter Zehnender. Lange äugt er mich an, tritt unschlüssig hin und her, geht zurück, zieht in der Dickung auf und ab und fährt dann mit einer Riesenflucht in das jenseitige Jagen. Zwei Hasen folgen ihm, und schließlich auch, merkwürdigerweise jetzt erst, der Fuchs.

Es knallt hier und kracht da, und nun donnert es auch bei meinem Nachbarn zur Linken. Aber ich darf nicht hinsehen, denn die Jagd kommt mir immer näher. Grob und fein hallt das Geläute der Meute heran und das hohle Anjuchen des Rüdemannes. Es rasselt und prasselt aus der Dickung heraus; mein Herz wird unruhig und meine Hände krampfen sich um die Waffe. Aber eine Bache mit Frischlingen ist es, die spitz auf mich zutrollt, eine Wendung macht und mit ihrem Gefolge in das andere Jagen hineinpoltert. Ich will ihr nachsehen, da rasselt und prasselt es abermals aus der Dickung heraus, eine grobe Sau steht breit da, laut blasend, bekommt meine Kugel und verschwindet in einer Schneewolke. Und rechts von mir knallt es und links von mir und drüben am Kopfe des Triebes, und an seiner rechten Flanke, und hier und da sind die Finder laut und hinter ihnen her schallt das hohle Anjuchen. Mit einem Schlage ist alles still, nur hinten in Jagen eins oder zwei sucht ein Hund noch aus hellem Halse. Und dann ruft das Horn.

Dieses Mal gibt es einen fröhlichen Bericht. Fast jeder Schütze ist zu Schusse gekommen. Mein Mitjagdgast hat eine grobe Sau und zwei Überläufer im Feuer geliefert, der Ober-förster ein hauendes Schwein und eine uralte gelte Bache gestreckt. Und doch ist er nicht zufrieden, denn es gab keine einzige Nachsuche und Hatz. „Haben alle zu gut geschossen, meine Herren!", ruft der rotbärtige Riese lachend. Nun bin ich sein Trost. Er mit dem Schweißhunde am Riemen, ich mit der Büchse in den Händen, und hinter uns der Rüdemann und zwei Koppelführer mit den schärfsten Hunden, so geht es in die geschlossene Dickung hinein, die uns Schnee in die Augen und Ärmel und hinter die Halsbinde stäubt und mit stachligen Zweigen unsere Backen peitscht. Leise ruft der Rotbart ab und zu dem roten Hunde zu: „Such' verwund't, mein Hund, verwund't verwund't!", und lässt sich von dem wild voranstürmenden Hunde durch Dick und Dünn reißen.

Die Rotfährte führt in eine Dickung, die so geschlossen ist, dass ein gerechtes Arbeiten unmöglich ist bei dem dichten Schneebehange. Der Oberförster lahmt, Blut läuft ihm über den Schenkel. Ein messerscharfer Zweig hat ihm das Bein aufgerissen. So bleibt er mit dem Schweißhunde zurück.

„Hunde los!", ruft der Rüdemann den Koppelführern zu. Mit giftigem Halse stürmen zwei Rüden in die Dickung. Die andern legen sich laut hechelnd in die Halsungen. In der Dickung rumpelt es hin und her, und dahinter tönt immerlos der scharfe Hals der Hunde. Nun geben sie Standlaut; sie haben den Keiler gestellt. Einer von ihnen klagt auf; die Sau hat ihn geschlagen. Die zweite Koppel wird hinterher geschickt. Sowie die frischen Hunde bei der Sau sind, geht die Jagd weiter, dem Stangenorte zu. Der Rüdemann und ich und die Koppelführer rennen an der Dickung entlang; der Oberförster humpelt hinterdrein. Wieder tönt heiserer, vierstimmiger Standlaut herüber; aber ehe wir heran sind, geht die Jagd weiter. Von der Bahn brechen zwei Koppelführer, mehr von den Hunden vorangerissen als laufend,

Man kann über Jagd und Waidwerk natürlich sehr verschieden denken. Wenn zwei dasselbe erleben, ist es nicht dasselbe. Den einen schwellt die Anzahl, den anderen der Name des Wildes, einen dritten der Stolz ob schwierigem Ferntreffer, die meisten wohl das eitle Vergnügen am Beutestück, der Trophäe, oder wenigstens an Maßen und Gewichten des erlegten Exemplares. Der eigentliche Goldgehalt, der feine Reiz des Erlebnisses selbst, steht im Allgemeinen nicht so hoch im Kurs.

FRIEDRICH VON GAGERN

herbei. „Alle los!", schreit ihnen der Rüdemann zu, indem er in langen Sätzen durch das Gestrüpp poltert. Dann bleibt er stehen und hebt den Arm: „Standlaut! Schluss!" Und dann winkt er mir.

Ich laufe, was ich kann, bis ich vor dem Windbruche stehe, auf dem die Meute den Keiler gestellt hat. Vor dem Wurfboden einer alten Fuhre hat er sich eingeschoben, und schlägt wetzend und blasend, Schaum vor dem Gebräche, die Rüden ab. Wütend stürzt sich ein schwerer Boxerblendling auf die Sau, fliegt aber im Bogen in den Schnee, klagt ein wenig und geht wieder an. Dieses Mal glückte ihm der Griff; er hat ein Gehör gefasst, der Dobermann das andere, und die übrigen Hunde fassen dort und da an. Und so kann ich hinter die Sau treten und ihr den Fang geben.

Dann wische ich mir den Schweiß von Stirn und Hals. Der Rüdemann klappt die Hunde ab. „Tot, tot!", ruft er ihnen zu und schwenkt die lange Peitsche über ihren Rücken. Da fahren sie zurück und lassen sich koppeln. Der Oberförster reicht mir auf seiner Wehr den Fuhrenbruch. Dann winkt er dem Rüdemann. Der setzt das Horn an den bärtigen Mund, und laut klingt es durch den dämmrigen Wald: „Sau tot! Jagd aus!" Langsam stapfen wir der Bahn zu, wo die Schlitten warten. Da wird der Jagdherr geflickt. Zolllang ist der Schmiss, den ihm der Zweig schnitt. Auch die Hunde werden flüchtig verbunden. Drei sind leicht geschlagen, einer etwas mehr. Aber er scheint sich wenig daraus zu machen.

Dann klingeln die Schlitten dem Dorfe zu. Die Luft ist weich und warm, kein Stern ist zu sehen, und der Kauz ruft, als wäre es Lenz. Das verspricht Neuschnee für den morgigen Jagdtag auf Sauen.

Bildtexte von BURKHARD WINSMANN-STEINS

Seite 6/7 Der Pracherteich in der Rominter Heide im südlichen Ostpreußen

8/9 Ein Wintereinbruch während der Birkhahnbalz lässt die „schillernden Ritter" meist kalt.

10/11 Die Jagd im Hochgebirge verlangt Kraft und Ausdauer und belohnt durch einzigartige Faszination.

12/13 Ob in den Bruchlandschaften der Ebene oder auf der Gebirgsalm: Hennen sind bei der Birkhahnbalz in der Regel nur seltene Gäste.

14/15 Balzen, kullern, springen und fauchen: Die Birkhahnbalz ist Leidenschaft pur. Vielerorts nehmen daran leider immer weniger Hähne teil, im manchen Regionen findet das Birkwild nur noch auf Truppenübungsplätzen letzte Refugien.

16/17 Pirsch am Wasserrad/Großglockner – Ein nicht alltäglicher Doppelerfolg an der Jagdhütte

18/19 „Wie gemalt": Ricke im Klatschmohn

20/21 Zufallsbegegnung: „Mümmelmann" rückt zu Felde.

22/23 Den Fuchswelpen lockt die wärmende Sonne – Birkenblätter im Gegenlicht – Jährling mit Bastresten im Juni: „Alt fegt zuerst, jung färbt zuerst … ?"

24/25 „Löns-Stimmung": Waldweg im Südteil der Rominter Heide/Ostpreußen – Rivalitäten zwischen Rehböcken fallen umso heftiger aus, je ebenbürtiger die Gegner in Alter und Stärke sind.

26/27 Badende Uferschnepfe an der Elbmündung – Ab Anfang März steckt der Fasanenhahn sein Revier ab.

28/29 Ricke und Kitz genießen die Morgensonne – „Meister Lampe bei Tisch": Löwenzahn wird besonders gern geäst.

30/31 Rohrweihe – Der Zug der Kraniche läutet den Frühling ein oder kündet vom nahenden Winter.

32/33 Fasanenhahn im Abendlicht – Rottier mit Kalb im Weserbergland – Morgenstimmung im Buchenwald – Eine norddeutsche Besonderheit: Ricke mit schwarzem Kitz

34/35 Der mittelalte Rehbock äußert lautstark sein Missfallen über den Fotografen.

36/37 Leise Fieptöne lockten diesen Kapitalen aus seinem dunklen Einstand.

38/39 Starke Stangen und gute Perlung: Ein Kapitaler, Traum jedes Rehwildjägers.

40/41 Rehbock in Brennnesseln: solche Fotografien stammen meist aus Kleinstgattern. Dieser wurde allerdings in einem Feldgehölz in Schonen/Schweden fotografiert – Eine echte Rarität: schwarzer ungerader Achter-Rehbock

42/43 Ein „Braver" in der Abendsonne – Stimmung in den „Buchenhallen" des Sollings

44/45 Äsung in Hülle und Fülle: Ricke mit Kitz im Blütenmeer – Die Rotdrossel ist in Skandinavien weit verbreitet. – Der „Schwarze" von Seite 43 hatte seinen Einstand in einem Moor der westlichen Lüneburger Heide.

46/47 „Blutströpfchen" – Ein alter, reifer Bock: Er kam leider nie zur Strecke …

48/49 Ist die Beute im Rucksack, sind alle Strapazen der Hochgebirgsjagd vergessen. – Aufs Blatt gesprungen: Sechserbock in der Lüneburger Heide

50/51 Imponiergehabe bei den Einstandskämpfen: Solche „Bocksprünge" gehören dazu. – Ein guter Jährling

52/53 Im „Spiel der Lichter und Schatten" … – Die „Grazie": Schmalreh im Juni

54/55 Junger „Prahler" am Morgen – Abendstimmung im Reinhardswald

56/57 Im Weizenfeld mit angrenzendem Feldgehölz findet der „Heimliche" Deckung und Äsung.

58/59 „Visionen" …

60/61 Bodennebel in der Lüneburger Heide

62/63 Vor dem Wildacker im heimischen Revier (oben) – Diese Trauben hängen wohl zu hoch …: Fuchs und Graureiher in vorpommerscher Schilfwildnis (unten)

64/65 Grimbart kehrt heim (oben li.) – Graugänse im Abendhimmel (oben re.) – Auch sie liebt die Sonnenwärme: Ricke im Gegenlicht

66/67 Achtjähriger Bock: Seine Entwicklung habe ich über sechs Jahre hinweg lückenlos im Bild festgehalten. – Rehe in der westlichen Lüneburger Heide

68/69 Getreidefelder bieten Deckung, Äsung und Ruhe: Kein Wunder, dass manche Böcke ab Ende Mai „unsichtbar" werden. – Sumpfohreule im Moor – Fasanenhahn „im Portrait" – Entdeckt!

70/71 Die Nachtjagd auf den Winterfuchs gehört zu den reizvollsten Jagdarten: Herrscht dazu noch gutes Mondlicht, schlafen passionierte Jäger kaum … – Brunftmorgen im Solling

72/73 „Nebelhirsche" bei Havelberg: Ist die Kolbenzeit vorüber, machen sich alte Kämpen rar.

74/75 Seine Majestät, der „Edelhirsch"

76/77 So ähnlich mögen die „Buchendome" in Mokritz ausgesehen haben. Da verliert sich selbst ein Kapitaler …

Nachweis der Erzählungen

„Die Lyra in der Hand des Engels" aus Ludwig B. v. Cramer-Klett: Zum Jagen zog ich frohen Sinn's. 2. Aufl., 1993, Hamburg u. Berlin, Parey (jetzt Stuttgart, Kosmos) – „Waldpfingsten" aus Hermann Löns: Jagdgeschichten. 1912 u. 1918, Hannover, Adolf Sponholz Verlag Kom. Ges. – „Der Bajonettbock" aus Ludwig B. v. Cramer-Klett: Traum auf grünem Grund. 3. Aufl., 1963 Hamburg u. Berlin, Parey (jetzt Stuttgart, Kosmos) – „Visionen" aus Friedrich v. Gagern: Stunde und Stimmung. Der Grünen Chronik erster Teil. 1962 u. 1968, Hamburg u. Berlin, Parey (jetzt Stuttgart, Kosmos) – „Der Hainbuchenzweig" aus Friedrich v. Gagern: Der Jäger und sein Schatten. 1954 u. 1971, Hamburg u. Berlin, Parey (jetzt Stuttgart, Kosmos) – „Um die Verlorene" aus Ludwig B. v. Cramer-Klett: Des Waldhorns Widerhall. 1968, Hamburg u. Berlin, Parey (jetzt Stuttgart, Kosmos) – „Heimweg" aus Ludwig B. v. Cramer-Klett: Spiel der Lichter und Schatten. 3. Aufl., 1980, Hamburg u. Berlin, Parey (jetzt Stuttgart, Kosmos) – „Mümmelmann" aus Hermann Löns: Tiergeschichten. 1909, 1911 u. 1917, Hannover, Adolf Sponholz Verlag Kom. Ges. – „Auf Sauen" aus Hermann Löns: Jagdgeschichten. 1912 u. 1918, Hannover, Adolf Sponholz Verlag Kom. Ges.

Zitatnachweis

S. 10 und 39 aus Ludwig B. v. Cramer-Klett: Traum auf grünem Grund. 3. Aufl., 1963 Hamburg u. Berlin, Parey (jetzt Stuttgart, Kosmos) – S. 15 aus „Sei wachsam", S. 49 aus „Auf der Riesenalm", S. 57 aus „Der dumme Teufel", S. 94 aus „Wie es weiterging"; in Ludwig B. v. Cramer-Klett: Spiel der Lichter und Schatten. 3. Aufl., 1980, Hamburg u. Berlin, Parey (jetzt Stuttgart, Kosmos) – S. 17 aus „Stunde und Stimmung", S. 81 aus „Visionen", S. 117 und 145 aus „Willkomm und Abschied", S. 150 aus „Nur Krähen"; in Friedrich v. Gagern: Stunde und Stimmung. Der Grünen Chronik erster Teil. 1962 u. 1968, Hamburg u. Berlin, Parey (jetzt Stuttgart, Kosmos) – S. 23 aus „Frau Einsamkeit" in Hermann Löns: Da draußen vor dem Tore. 1911, 1912 und 1913, Hannover, Adolf Sponholz Verlag Kom. Ges. – S. 27 und 91 aus „Zum Geleit" in Friedrich v. Gagern: Birschen und Böcke. 1985, Hamburg u. Berlin, Parey (jetzt Stuttgart, Kosmos) – S. 32 aus „Umrisse und Stimmungen", S. 52, 70, 125 und 135 aus „Damals", S. 92 und 130 aus „Auftakt"; in Friedrich v. Gagern: Der Jäger und sein Schatten. 1954 u. 1971, Hamburg u. Berlin, Parey (jetzt Stuttgart, Kosmos) – S. 43 aus „Ein roter Bock" in Hermann Löns: Mein grünes Buch. 1936, Bad Pyrmont, Friedrich Gersbach – S. 44 aus „ Ein König und ein Königssohn", S. 85 aus „Die Silvesterjagd"; in Ludwig B. v. Cramer-Klett: Des Jägers Glück kennt kein Verweilen. 3. Aufl., 1981, Hamburg u. Berlin, Parey (jetzt Stuttgart, Kosmos) – S. 67 aus „O schöne Zeit" in Ludwig B. v. Cramer-Klett: Zum Jagen zog ich frohen Sinn's. 2. Aufl., 1993, Hamburg u. Berlin, Parey (jetzt Stuttgart, Kosmos) – S. 73 und 104 aus „Innere Stimme" in Friedrich v. Gagern: Tage nach meinem Herzen. Der Grünen Chronik zweiter Teil. 1962 u. 1969, Hamburg u. Berlin, Parey (jetzt Stuttgart, Kosmos) – S. 103 aus „Heidgang" in Hermann Löns: Mein braunes Buch. 1911, 1912 und 1913, Hannover, Adolf Sponholz Verlag Kom. Ges. – S. 108 aus „Hochsommers Ende" – in Ludwig B. v. Cramer-Klett: Glückselige Einsamkeit. 6. Aufl., 1996, Berlin, Wien, Blackwell Wissenschafts Verlag (jetzt Stuttgart, Kosmos) – S. 114 aus „Mümmelmann" in Hermann Löns: Tiergeschichten. 1909, 1911 u. 1917, Hannover, Adolf Sponholz Verlag Kom. Ges. – S. 141 aus „Spät im Jahr" in Ludwig B. v. Cramer-Klett: Des Waldhorns Widerhall. 1968, Hamburg u. Berlin, Parey (jetzt Stuttgart, Kosmos).

Impressum

Umschlag von eStudio Calamar unter Verwendung von
6 Farbfotos von Burkhard Winsmann-Steins

Mit 141 Farbfotos von Burkhard Winsmann-Steins

Alle aufgeführten Titel von FRIEDRICH VON GAGERN und
LUDWIG BENEDIKT VON CRAMER-KLETT jetzt bei
Franckh-Kosmos Verlags-GmbH & Co., Stuttgart

Die Deutsche Bibliothek – CIP-Einheitsaufnahme
Ein Titelsatz für diese Publikation ist bei Der Deutschen Bibliothek
erhältlich

Informationen senden wir Ihnen gerne zu

Bücher · Kalender · Spiele · Experimentierkästen · CDs · Videos · Seminare
Natur · Garten & Zimmerpflanzen · Heimtiere · Pferde & Reiten · Astronomie ·
Angeln & Jagd · Eisenbahn & Nutzfahrzeuge · Kinder & Jugend

KOSMOS Postfach 10 60 11
D-70049 Stuttgart
TELEFON +49 (0)711-2191-0
FAX +49 (0)711-2191-422
WEB www.kosmos.de
E-MAIL info@kosmos.de

Gedruckt auf chlorfrei gebleichtem Papier

1. Auflage
© 2001, Franckh-Kosmos Verlags-GmbH & Co., Stuttgart
Alle Rechte vorbehalten
ISBN 3-440-09020-5
Redaktion: Ekkehard Ophoven
Gestaltung und Satz: eStudio Calamar
Reproduktion: Repro Schmidt, Dornbirn
Produktion: Markus Schärtlein / Heiderose Stetter
Printed in Czech Republic / Imprimé en République tchèque
Druck und Bindung: Graspo CZ, a.s.